dtv

RENÉ NYBERG

DER LETZTE ZUG NACH MOSKAU

**Zwei Freundinnen, zwei Schicksale,
eine jüdische Familiengeschichte**

Aus dem Finnischen
von Angela Plöger

**Ausführliche Informationen über
unsere Autoren und Bücher
www.dtv.de**

Dieses Buch ist auch als eBook erhältlich.

33 Abbildungen und Karten

Dieses Werk wurde mit finanzieller Unterstützung von
FILI – Finnish Literature Exchange veröffentlicht.

dtv Verlagsgesellschaft mbH & Co. KG, München
© 2015 René Nyberg
Titel der finnischen Originalausgabe:
›Viimeinen juna Moskovaan‹ (Siltala Publishing, Helsinki)
© 2019 der deutschsprachigen Ausgabe:
dtv Verlagsgesellschaft mbH & Co. KG, München
Die Abbildungen stammen aus dem Privatarchiv des Autors.
Das Werk ist urheberrechtlich geschützt. Jede Verwertung ist nur mit
Zustimmung des Verlags zulässig. Das gilt insbesondere für Vervielfältigungen, Übersetzungen und die Einspeicherung und Verarbeitung in elektronischen Systemen. Für Inhalte von Webseiten Dritter, auf die in diesem Werk verwiesen wird, ist stets der jeweilige Anbieter oder Betreiber verantwortlich, wir übernehmen dafür keine Gewähr. Rechtswidrige Inhalte waren zum Zeitpunkt der Verlinkungen nicht erkennbar.
Satz: Fotosatz Amann, Memmingen
Gesetzt aus der Sabon LT Std
Druck und Bindung: CPI books GmbH, Leck
Gedruckt auf säurefreiem, chlorfrei gebleichtem Papier
Printed in Germany · ISBN 978-3-423-28173-7

Inhalt

Das Geheimnis unserer Familie · 11

Mischling ersten Grades · 17

Die Deutsche Schule · 22

»Mutter Jüdin, aber hat die Deutsche Schule besucht« · 30

Ein Ehrenmord in Helsinki in den 1930er-Jahren · 34

Sozialisierung in der finnischen Gesellschaft · 50

Der größte Judenstaat der Welt · 56

Drei Paradiese und eine Hölle · 68

Lettland in der Zange zwischen Russland und Deutschland · 74

»Wir haben schon einmal eine deutsche Besatzung überlebt« · 92

»Was wussten sie von dem, was in der Sowjetunion geschah?« · 107

Tief ins Hinterland · 110

Rückkehr ins leere Riga · 118

Sportpolitik und die Reise nach Riga · 134

A meschuggene Land · 153

In die Levante · 169

Wiedergutmachung für etwas, das nicht wiedergutzumachen ist · 173

Restitution · 182
Die Kreise schneiden und schließen sich · 186
Alexander Kuschner: Apoll im Schnee · 195
Über die Hintergründe dieses Buchs · 197

Anmerkungen · 205
Literaturverzeichnis · 227
Personenregister · 233

*Ich widme dieses Buch meiner starken Mutter,
ihrer klugen Cousine
und meinem Vater, der meine Mutter liebte.*

```
                                    ┌── Berl TUKATSIER
                                    │    1871–1941
                                    │
                                    │
                                    ├── Meier TOKAZIER
                                    │    1880–1966
                                    │       └── Sara TOKAZIER (Leffkovitsch)
                                    │            1882–1970
                                    │
Zalman TUKATSIER ───┐               ├── Abram TUKATSIER
1854–1929           │               │    1884–1941
   ═════            ├───────────────┤       └── Lea Tewelewna SCHEDAK
Hanna               │               │            1890–1941
1854–193?           │               │
                                    ├── Aleksandr (Sender) TUKATSIER
                                    │    1885–1927
                                    │       └── Vera TUKATSIER
                                    │
                                    ├── Ehiel TOKAR
                                    │    ?–?
                                    │
                                    ├── Jakov TUKATSIER
                                    │    ?–?
                                    │
                                    └── TUKATSIER (Schwester)
```

Stammbaum

- ...ga GOTLIB (Tukatsier) 1901–1941 — Roche (Raja) GOTLIB 1921–2008
- Bella TUKATSIER ?–1941
- Abraham TOKAZIER 1909–1976
- Moses TOKAZIER 1909–1992
- Fanny Feige NYBERG (Tokazier) 1910–2006 — René NYBERG 1946
  - Bruno NYBERG 1907–1966
- ...iko GRASUTIS (Tokazier) 1912–1993 — Ben GRASS 1944
- Jakko TOKAZIER 1913–1974 — Hillel TOKAZIER 1946
- ...aria (Mascha) JUNGMAN (Tukatsier) 1913–1983 — Lena SHATZKY (Jungman) 1945–2017 — Juri RABINER → Daniel RABINER 1968
  - Josef JUNGMAN 1907–1986
  - Jevgeni SHATZKY 1942
- Feiga TUKATSIER 1916–1941
- Hasja TUKATSIER 1918–1941
- ...eri (Merchen) TUKATSIER 1923–1941
- ...a KUSCHNER (Tukatsier) 1913–1993 — Alexander KUSCHNER 1936
  - Semjon KUSCHNER 1911–1980

Das Geheimnis unserer Familie

Ich war wohl bereits Gymnasiast, als ich im Bücherregal meiner Eltern die schwedische Übersetzung von Hitlers ›Mein Kampf‹ entdeckte: *Min kamp*. Ich blätterte darin und war verblüfft. Auf dem Titelblatt wünscht meine Mutter meinem Vater anregende Lektüre – im Jahr 1941. Empört zeigte ich ihr das Buch. Sie ärgerte sich sichtlich darüber. Was mochte sich meine unpolitische Mutter damals gedacht haben, als sie diese Worte schrieb? Finnland befand sich im sogenannten Fortsetzungskrieg mit der Sowjetunion (1941–1944), den es mit Unterstützung von Nazideutschland führte, um die Gebiete zurückzuerobern, die es im vorhergegangenen Winterkrieg (1939–1940) verloren hatte. Was ging in ihrem Kopf vor, als ihr Sohn sie daran erinnerte? Als ich irgendwann das Buch erneut aufschlug, stellte ich fest, dass das Titelblatt verschwunden war. Ich habe das Buch weder damals noch später gelesen.

Die jüdische Herkunft meiner Mutter war das Geheimnis unserer Familie. Darüber wurde nicht mit Außenstehenden gesprochen. Ich war schon in der Pubertät, als meine Eltern es mir erzählten. Es dauerte eine Weile, bis ich dieses Wissen verarbeiten und die Geschichte meiner Mutter verstehen konnte. Für sie hatte die Heirat mit meinem Vater den vollständigen Bruch mit ihrer Familie bedeutet. Als ich meiner späteren Frau Kaisa von der Herkunft meiner Mutter erzählte, stellte sie fest, sie sei noch niemals Juden begegnet. Sie stammte zwar aus Nordösterbotten an der finnischen Westküste, hatte aber seit ihrer Grundschulzeit in der Hauptstadtregion gewohnt.

Mein Elternhaus war zweisprachig. Meine Schwester und ich sprachen mit dem Vater Finnisch und mit der Mutter im Verlauf der Jahre mehr und mehr Schwedisch. Meine Eltern sprachen Schwedisch miteinander. Mein Vater war ein typischer zweisprachiger Helsinkier Junge, der mit seiner Mutter, die aus Heinola stammte, Finnisch sprach, und mit seinem Vater, der aus Karis kam, Schwedisch. Er hatte eine schwedischsprachige Schule besucht. Bis heute hat Finnland zwei Amtssprachen, das Finnische und das Schwedische. Das ist der Geschichte des Landes und der Bevölkerungsstruktur geschuldet und Anlass für mancherlei Sprachenkämpfe bis in die neuste Zeit. In meiner Familie war das kein Thema. Mutter wollte jedoch mit allen Mitteln sicherstellen, dass wir beide Sprachen richtig lernten. Wenn ich in der Bibliothek Abenteuerbücher auslieh, verlangte Mutter, dass höchstens die Hälfte davon finnischsprachig sein sollte. Damit hatte ich kein Problem, im Gegenteil, das kam mir sogar entgegen. Bei den schwedischen Büchern gab es eine größere Auswahl. Mit der Zeit störten mich die Fehler, die meiner Mutter im Finnischen unterliefen, und deshalb sprach ich als Teenager mit ihr am liebsten Schwedisch.

Meine Mutter war in Helsinki geboren, und das Schwedische spielte in ihrer Familie eine große Rolle. Das rührte daher, dass ihre Mutter, meine Großmutter, in Vaasa aufgewachsen war, einer Stadt mit einem hohen schwedischen Bevölkerungsanteil. Meine Mutter und ihre Schwester hatten eine schwedische Schule in Helsinki besucht. Sie war dort nicht als Feige, mit ihrem jüdischen Vornamen, sondern als Fanny angemeldet. Daraus entwickelte sich zwanglos ihr zweiter Vorname, der später ihr einziger wurde. Die Brüder der Familie hingegen besuchten die Jüdische Gemeinschaftsschule. So kam es, dass die Familiensprache Schwedisch war. Aber die Zweitsprache der Familie war Jiddisch, das vor dem Krieg von den Juden in Helsinki noch ganz allgemein gesprochen wurde.

Ich kann mich allerdings nicht erinnern, dass ich meine Mutter jemals hätte Jiddisch sprechen hören. Wenn es das Jiddische meiner Mutter überhaupt je gegeben hat, dann war es in ihrer alten Familie zurückgeblieben und schließlich vom Deutschen verschüttet worden. Das Schwedische war eine Kultursprache und die Sprache der Assimilation der Juden in Finnland bis in den Krieg hinein; danach erstarkte die Stellung des Finnischen. Als ein Nebeneffekt des Sprachenkampfes in Finnland ging die Jüdische Schule, die die Brüder meiner Mutter besuchten, schon im Jahr 1931 vom Schwedischen zum Finnischen über. Die Schulbehörde stellte damals fest, sie werde nicht länger »die Minderheit der Minderheit« unterstützen.

Aktives Finnisch hatte meine Mutter erst während des Krieges gelernt, als sie als Freiwillige in einem Lazarett Dienst tat. Die Soldaten lachten über ihre komischen Fehler: Die Augengläser waren »Glasaugen«, und das Lippenrot war »Rotlippe«, und meine arme Mutter konnte ihrerseits die jungen Männer und ihren Dialekt nicht verstehen. Wie wichtig es war, das Finnische zu beherrschen, wurde ihr erst durch diese Erfahrung bewusst. Es war für sie ein Schlüsselerlebnis und ein wichtiger Teil ihrer Anpassung an die finnische Gesellschaft. Meine Mutter empfand sich nicht als Finnlandschwedin in der traditionellen Bedeutung eines Menschen, der nicht über den Tellerrand hinausschaut, auch wenn sie als Rentnerin für die schwedischsprachige Wohltätigkeitsorganisation der Marthas tätig war. Im Helsinkier Milieu waren die Nuancen subtil. Es war ihr sicherlich nicht bewusst, aber mit ihrem Bestreben nach Assimilierung stand meine Mutter auch in einer jüdischen Tradition. Die Loslösung von dem alten Umfeld bedeutete eine neue, andere Assimilierung, diesmal die an die Welt ihres Ehemannes. Deshalb musste sie Finnisch können und sprechen, und deshalb mussten ihre Kinder ordentlich Finnisch lernen. Das erklärt auch, warum Schwedisch für meine Schwester und mich nicht die »Muttersprache« wurde, obwohl wir in völlig zweisprachiger Umgebung aufwuchsen. Organisatorisch ergab sich die Lösung in der dritten Klasse der Deutschen Schule, als die Kinder in finnisch- und schwedischsprachige Gruppen eingeteilt wurden. Ich kam in die finnischsprachige Gruppe, obwohl ich gern in die schwedischsprachige gegangen wäre zusammen mit meinem besten Freund Gerd Weckström.

Unsere Großmutter, für uns die »Bobe« (jiddisch für Großmutter), besuchte uns ohne Wissen ihres Mannes, nannte uns auf Jiddisch »main goldele« (mein Goldschatz) und machte Bemerkungen über das Kreuz, das meine Schwester um den Hals trug. Meine früheste Erinnerung ist mit der Olympiade in Helsinki 1952 verbunden, zu deren Eröffnung Mutter die Bobe mitnahm. Mein Vater war Mitglied des Organisationskomitees der Olympischen Spiele, sodass wir für alle Wettkämpfe zwei Freikarten bekamen.

Wir wussten freilich, dass die Bobe gar nicht so heimlich kam. In späteren Jahren brachte und holte mein Onkel Jakko (Jakob) seine Mutter ab, kam aber natürlich nicht herauf in unsere Wohnung. Als ich als Jugendlicher einmal aus Neugier meine gebrechliche Großmutter hinausbegleitete, um meinen Onkel zu sehen, verhielt er sich mir gegenüber abweisend. Das hat mich nicht weiter erschüttert, aber doch ein wenig verwundert. Anderen Geschwistern meiner Mutter bin ich nie begegnet, ganz zu schweigen von ihrem Vater, meinem Großvater. Cousins habe ich kennengelernt, allerdings erst als Erwachsener. Da waren ihre Eltern schon tot. Solange wir noch Schüler waren, gingen wir uns aus dem Weg, obwohl wir einander im Gewimmel von Helsinki sehr wohl erkannten.

Die Ehe meiner Eltern hatte zu einem Bruch in den Familienbeziehungen geführt, der bitter und vollkommen war. Natürlich hat mein Großvater irgendwann von den Besuchen seiner Frau bei uns erfahren, dennoch gab es auch im Verlauf der Jahrzehnte keine Entspannung. Ihn beschäftigte sein Leben lang die Frage, warum meine Mutter zum Christentum übergetreten war. Die Heirat mit einem Nichtjuden und die Apostasie, der öffentliche Abfall vom Judentum, blieben für den alten Mann die tiefste Kränkung, die die Tochter ihrem Vater hatte antun können. Er starb 1966 im Alter von 86 Jahren. Am letzten Tag desselben Jahres starb, erst 59-jährig, auch mein Vater. Wieder kam die Bobe zu Besuch und fuhr meine Mutter an, die Ehe habe ja nun auch lange genug gedauert. Wir empfanden das als sehr taktlos und kränkend, zumal mein Vater seine Schwiegermutter immer zuvorkommend behandelt hatte.

Für meine Mutter waren Bobes Besuche wichtig, doch sie waren auch bedrückend. Man spürte die Spannung, und ich erinnere mich bis heute an die Sorge meiner Großmutter, die Tochter könnte ihr auf den Butterbroten Schinken vorsetzen. Das war nicht völlig ausgeschlossen, denn Schinken aßen wir gern, und Schweinefilet war für uns ein Festessen.

Als ich zum ersten Mal Blutpfannkuchen aß, die Kaisa zubereitet hatte, wurde mir bewusst, dass Blutprodukte das Einzige waren, das meine Mutter, eher aus Instinkt denn wegen ihrer jüdischen Tradition, niemals verwendet hatte. In der Küche meiner Mutter gab es jedoch schon jüdische oder vielleicht eher russische Einflüsse. Das wurde mir erst später in Russland bewusst, wo beispielsweise Meerrettich immer mit Roter Bete gefärbt serviert wurde, ganz so, wie meine Mutter es gemacht hatte.

Ungesäuertes Brot, also Matzen, war eine der wenigen traditionellen jüdischen Speisen, die meine Mutter ausdrücklich vermisste. Als sie schon sehr alt war, bemerkte sie einmal verärgert, dass sie zur Osterzeit immer Matzen bekommen habe. Ihr diesen Wunsch zu erfüllen, war zu dem Zeitpunkt sehr leicht. Das war nicht immer so gewesen. Als ich die Protokolle des Jüdischen Gemeinderats von Helsinki durchsah, stieß ich auf die nach dem Winterkrieg geäußerte Sorge, dass man in Finnland keine Matzen bekäme. Schließlich wurden ungesäuerte Brote aus Riga geliefert. Lettland war, abgesehen von den sowjetischen Stützpunkten, zu Beginn des Jahres 1940 noch nicht besetzt. Die Ware wurde in Schwedenkronen bezahlt.

Die Matzen als Traditionsspeise gehören zum jüdischen Osterfest Pessach und haben eine große symbolische Bedeutung. Alexander Solschenizyn erwähnt in seinem zweiteiligen Opus magnum über die Juden in Russland, ›Zweihundert Jahre zusammen (1795–1995)‹, ausdrücklich, dass die Bolschewiki im Jahr 1929 den Import von Matzen aus Königsberg in Ostpreußen erlaubten. Bis 1956 konnte man in der Sowjetunion Matzen bekommen, doch danach wirkte sich die antireligiöse Kampagne von Generalsekretär Nikita Chruschtschow, der mehr Kirchen zerstörte als Stalin, auch auf die Verfügbarkeit von Matzen aus. Der Verkauf wurde 1961 verboten.[1] In Riga wurde das Backen von Matzen 1963 eingestellt.[2]

Im Jahr 2013 machte die russische Presse groß damit auf, dass eine Schar bekannter Oligarchen zur Zeit des Pessach-Fests unter Leitung von Michail Fridman in Israel durch die Negev-Wüste wanderte im Gedenken an den Exodus, die Flucht der Juden aus Ägypten. Die Pilger trugen weiße Umhänge, sie übernachteten mit ihren Kamelen unter freiem Himmel und buken am Lagerfeuer ihre eigenen Matzen-Brote.

Mischling ersten Grades

Ich habe oft über das Schicksal meiner Mutter nachgedacht und auch darüber, was die Loslösung von ihrem Glauben, von ihrer Familie und ihrem Freundeskreis für sie bedeutete. Meine Mutter hat 27 Jahre im Haus ihres Vaters gelebt. Mit meinem Vater war sie 29 Jahre verheiratet, aber 40 Jahre lang war sie Witwe. In einer schwedischsprachigen Rundfunksendung von 1956 über das Judentum in Finnland, die ich im Archiv von Yleisradio, dem öffentlich-rechtlichen Fernseh- und Rundfunksender Finnlands, fand, wird sie anonym zum Thema Mischehe interviewt. Reporter war der bekannte Sportredakteur Enzio Sevon, ein Freund meines Vaters. Ich erinnere mich bis heute an diesen Vorfall aus meiner Kindheit. Nun hörte ich mir das Band erneut an und erkannte die jugendliche Stimme meiner Mutter, die jedoch deutlich angespannt wirkt. Sie erzählt, die Beziehung zu ihrer Familie sei abgebrochen und sie selbst vonseiten der jüdischen Gemeinde Schikanen ausgesetzt gewesen. Über ihre alten Freunde sagt sie, sie seien keine wirklichen Freunde gewesen, denn sie hätten alle Verbindungen zu ihr abgebrochen.[1]

Dass Verwandte und Freunde von früher aus ihrem Umfeld verschwunden waren, das war eine Tatsache, mit der meine Mutter sich abfand. Manchmal dachte sie zurück an den Oktober 1944, als ihr erstes Kind, ein Junge, bei der Geburt starb. Mein Vater diente damals noch bei der 30. Flugstaffel in Hyvinkää (der Flughafen Malmi in Helsinki war nach dem Waffenstillstand im September 1944 der sowjetischen Kontrollkommission

Fanny Nyberg und Sohn René 1948

der Alliierten zur Nutzung überlassen worden). Unterleutnant Nyberg wurde erst Mitte November nach Hause entlassen. Nur eine einzige von ihren Tanten mütterlicherseits habe sie nach der Geburt angerufen und nach ihrem Befinden gefragt, erzählte meine Mutter.

Einmal, als sie schon sehr alt war, kam sie darauf zu sprechen, was für ein wunderbares Kind ich gewesen sei, und sagte: »Dich musste ich zweimal zur Welt bringen.« Ich fragte sie, ob ich deshalb den Vornamen René bekommen habe, der »wiedergeboren« (*re-né*) bedeutet. Daran konnte sie sich aber nicht mehr erinnern.

Nach dem Tod meines Vaters wurde ihr Freundeskreis kleiner und veränderte sich. Die Freunde waren Vaters Freunde gewesen, und die Verbindungen lichteten sich. Meine Mutter passte sich an ihr neues Leben an, setzte ihre Arbeit fort und erwies sich als klassische Schwiegermutter und fürsorgliche Großmutter. Täglich las sie ›Hufvudstadsbladet‹, die schwedischsprachige, und ›Helsingin Sanomat‹, die finnische Tageszeitung. Aber das Tabu der Familie, ihre jüdische Herkunft, war tief verwurzelt. Ich glaube nicht, dass sie alten oder neuen Freunden je davon erzählt hat. Als Kaisa und ich heirateten, fragte Propst Timo Holma, ein Vetter meiner Frau, der uns getraut hatte, beim Hochzeitsmahl meine Mutter, wo ihre Familie herkomme. Sie erwiderte, aus Ungarn. Das war insofern richtig, als die Vorväter des Vaters meiner Mutter, die aus Orscha, im Gebiet Witebsk im heutigen Weißrussland, nach Finnland eingewandert waren, aus Ungarn stammten. Aber es war keine Antwort auf die Frage.

Mit neunzig wurde sie beim Arzt auf ihr Gedächtnis getestet. Zuerst wollte der Neurologe wissen, ob sie tatsächlich 1910 geboren sei. Dann fragte er, ob Mutter sich irgendwann einmal den Kopf verletzt und zum Beispiel eine Gehirnerschütterung gehabt habe. Meine Mutter antwortete munter: »Nicht, seitdem ich als kleines Mädchen unter ein Auto kam und ein russisches Militärfahrzeug mich ins Chirurgische Krankenhaus brachte.« Als wir die Praxis verlassen hatten, erklärte sie: »Ich konnte dem Arzt doch nicht erzählen, dass der Unfall passierte, als ich auf dem Heimweg vom Hebräisch-Unterricht war.«

Meine Mutter und vermutlich auch ihre ein Jahr jüngere Schwester bekamen Privatunterricht in Hebräisch. Aus dem Unfallort zu schließen, wohnte der Hebräischlehrer am südlichen Ende der Heikinkatu-Straße (heute Mannerheimintie), zu Beginn des 20. Jahrhunderts zusammen mit dem im Stadtteil Kamppi gelegenen Narinkka ein Zentrum des jüdischen Kleiderhandels. Narinkka, eine Art letztes Überbleibsel einer jüdischen Wohngegend, wurde 1931 abgerissen. Der Anfangsteil der Heikinkatu war quasi der *Hausvogteiplatz* (im Berlin der Vorkriegszeit) oder der *garment district* (Manhattan) von Helsinki. Auf der Suche nach solchen Spuren des jüdischen Lebens in Finnland bin ich auf eine sehr aufschlussreiche Dissertation gestoßen. Sie trägt den Titel ›Boundaries of an Urban Minority. The Helsinki Jewish Community from the End of Imperial Russia until the 1970s‹ und stammt von Laura Katarina Ekholm. Die Erkenntnisse von Laura Ekholm werden hier noch öfters zur Sprache kommen. Das Gewerbe, das mit dem Handel mit Altkleidern begonnen hatte, entwickelte und veränderte sich. Es war, wie Ekholm feststellt, die finnische Version der *rags-to-riches*-Geschichte, des Aufstiegs von der Marginalität in die Mittelklasse.[2] Mein Großvater mütterlicherseits, Meier Tokazier, hatte sein Geschäft im Stadtteil Hakaniemi in einem aus Stein erbauten Haus, das ihm gehörte. Meiner Mutter war ein Erlebnis in diesem Haus am Markt von Hakaniemi in Erinnerung geblieben, das gewiss mit dem sogenannten Freiheitskrieg zusammenhing, dem Bürgerkrieg, der das gerade erst unabhängig gewordene Finnland im Frühjahr 1918 erschütterte. Als sie aus dem Fenster blickte, sah sie ein totes weißes Pferd auf dem Platz liegen. Damals hatte es in Finnland im Gefolge der Russischen Revolution einen sozialistischen Umsturzversuch gegeben, der von den bürgerlichen Truppen, den »Weißen«, unter dem Kommando von General Gustaf Mannerheim, dem späteren Marschall, Oberbefehlshaber und Staatspräsidenten, niedergeschlagen wurde. Nach dem Freiheitskrieg kaufte mein Großvater sich ebenso wie die anderen Helsinkier Bürger eine *Mannerheim*, das heißt, eine weiße Pelzmütze.

Im Lauf der Zeit konnte ich die Geschichte meiner Mutter in mancherlei Zusammenhang ganz ungezwungen zur Sprache bringen, unter anderem, wenn ich amerikanische Juden traf, und später, nach dem Zusammenbruch der Sowjetunion, wenn ich russische Juden kennenlernte. Besonders in Erinnerung geblieben ist mir Dov Zakheim, der stellvertretende Verteidigungsminister der USA, der damals mit einer nichtjüdischen Frau verheiratet war. Er meinte, er kenne mehrere aus Mischehen hervorgegangene »Mischlinge«, und fügte hinzu, es sei wichtig zu verstehen, dass man »*eligible for Auschwitz*« sei, also für das Konzentrationslager taugte.

Ich lernte es, darüber zu scherzen, dass ich ein »*Mischling ersten Grades*« bin, wie es in den Nürnberger Rassegesetzen von 1935 definiert wurde, denn zwei meiner Großeltern sind Juden. Das kam nicht immer gut an. In Tel Aviv lernte ich den deutschen Botschafter Andreas Michaelis kennen, einen der führenden deutschen Kenner Israels. Ihm erzählte ich davon, dass ich infolge meiner Familienverhältnisse und meiner Erziehung keine jüdische Kultur habe und mich nicht als Jude fühle, jedoch ein typischer *Mischling ersten Grades* sei. Der Botschafter war schockiert. Mir wurde klar, dass er meine Ausdrucksweise als grob empfand und als Stichelei oder sogar als Kritik an Deutschland. Nuancen sind immer wichtig, besonders im Diplomatenleben.

Mein Klassenkamerad Christian Björklund wiederum erinnerte sich an eine Äußerung, die einst in der Aufregung dem Pfarrer der Deutschen Gemeinde, Geert Sentzke[3], entschlüpfte, der auch als Religionslehrer tätig war. Sentzke stammte aus Breslau und war das Paradebeispiel eines protestantischen Pfarrers, der aufbrauste, wenn die Aufmerksamkeit seiner Klasse nachließ. Der Pfarrer beschwerte sich darüber, dass es in der lärmenden Klasse zuginge wie in einer Judenschule. »Judenschule« bedeutete ursprünglich Synagoge, auf Jiddisch *schul*, wo die Kinder unter Anleitung des *Melamed*, des Hebräischlehrers, gemeinsam und lautstark Thoraverse paukten. Christian erzählte mir auch, er habe die Redewendung einmal in Deutschland gebraucht, und damit habe das Gespräch geendet. Heute versteinern die Deutschen, wenn jemand von dem gelernten Pfad der PC (Political Correctness) abweicht. Die korrekte Ausdrucksweise ist ein Bestandteil des gegenwärtigen Ethos der Deutschen, ganz besonders, wenn es um Juden und alles Jüdische geht.

Die Deutsche Schule

Meine Schwester und ich besuchten die Deutsche Schule in Helsinki, die zweifellos die beste Sprachschule und überhaupt eine ausgezeichnete Bildungsstätte war. Wir legten sowohl das finnische Abitur als auch die deutsche Reifeprüfung ab. Als Schüler dachte ich darüber nicht weiter nach, doch später hat mich die Entscheidung meiner Eltern beschäftigt. Sie hatten immer betont, diese Wahl sei ein Mittelweg zwischen finnisch- und schwedischsprachiger Schule. Als ich meine Mutter fragte, ob sie uns aus Rache an ihrem Vater in die Deutsche Schule gesteckt habe, stritt sie das ab. Ich erinnere mich jedoch, dass sie einmal erwähnte, es sei ihr zuwider, die Deutsche Schule zu betreten. Von meinem Cousin Hillel Tokazier weiß ich, dass sein Vater, der jüngste Bruder meiner Mutter, noch in den 1950er-Jahren nicht einmal einen deutschen Bleistift kaufte.[1]

Mein bester Schulfreund war Gerd Weckström. Sein Vater war als Freiwilliger in dem finnischen Waffen-SS-Bataillon gewesen. Einmal zeigte mir Gerd eine kleine Hakenkreuzfahne, die in einer Kommodenschublade aufbewahrt wurde. Das hat mich nicht weiter überrascht, aber ich habe es auch nicht vergessen. Der Vater unserer Nachbarsfamilie hatte ebenfalls der SS angehört, im Helsinki der Nachkriegszeit nicht ganz ungewöhnlich. Zu den Bekannten meines Vaters gehörte auch der ehemalige SS-Mann Unto Parvilahti.

Gerd und ich waren unzertrennlich. Als wir im Gymnasium Probleme bekamen, wurden unsere Eltern gemeinsam zum Rektor zitiert. Wir hatten zwei Tage die Schule geschwänzt und

Gerd und René

im Hafen gearbeitet, waren aber erwischt worden. Unsere Klassenlehrerin beging den Fehler, meine Mutter wegen der Disziplinlosigkeit ihres Sohnes zu tadeln. Gerds Vater zufolge reagierte meine Mutter wie eine »Löwin« und fragte die Lehrerin kühl: »Frau Kühn, wie viele Kinder haben Sie?« Sie wusste sehr wohl, dass meine Klassenlehrerin unverheiratet war und keine Kinder hatte. Das war das Schicksal vieler deutscher Frauen, die den Krieg überlebt hatten.

Im September des Jahres 1944 hatten Finnland und Russland einen Waffenstillstand geschlossen. Zu den Bedingungen gehörte es, dass sämtliche in Finnland stationierten deutschen Truppen das Land zu verlassen hatten. Das war für Finnland der dritte Teil des Zweiten Weltkriegs: die ehemaligen deutschen Waffenbrüder zu vertreiben. Gerds Vater Thor-Björn Weckström gehörte zu den wenigen ehemaligen finnischen SS-Leuten, die im Herbst 1944 nach Deutschland gingen. Das finnische Waffen-SS-Bataillon war 1943 aufgelöst worden. Die Soldaten wurden wieder in die finnische Armee integriert. Nach dem Krieg kehrte Weckström mit seiner österreichischen Frau und dem in Graz geborenen Gerd nach Helsinki zurück. Er wurde wegen Desertion verurteilt und verlor seinen militärischen Rang. Er war einer der finnischen SS-Leute, deren Namen im Zusammenhang mit den an der deutschen Ostfront begangenen Grausamkeiten genannt wurden.[2]

Ein anderer, Unto Parvilahti, verbrachte, als er 1956 aus der Sowjetunion zurückgekehrt war, bei uns zu Hause einen Abend, der sich bis in die frühen Morgenstunden hinzog. Innenminister Yrjö Leino hatte ihn im Herbst 1945 auf Verlangen der sowjetischen Kontrollkommission in der sogenannten Gruppe der Leino-Gefangenen als Nazikollaborateur ausgeliefert. Ich erinnere mich gut an seinen Besuch. Obwohl ich ins Bett geschickt worden war, versuchte ich doch, durch die Tür dem Gespräch zu lauschen. Meine Mutter dagegen konnte sich an Parvilahtis Besuch überhaupt nicht mehr erinnern, als ich sie später einmal danach fragte.

Parvilahti, vormals Boman, war ein Altersgenosse meines Vaters, und sie beide dienten im Winterkrieg bei der Flugstaffel 36 auf dem Flugplatz Malmi. Parvilahti war einer der bekanntesten SS-Leute und Chef des Verbindungsbüros des finnischen SS-Bataillons in Berlin gewesen. Sein Buch ›Berijan tarhat‹ (Berijas Gärten) war bei seinem Erscheinen eine Sensation, denn es war einer der ersten Augenzeugenberichte aus den Gefangenenlagern von Stalins Gulag.

Zum zweiten Mal las ich ›Berijas Gärten‹ im Jahr 2002 als Botschafter in Moskau auf einer Reise nach Norilsk, der Bergwerks- und Metallurgiestadt in der arktischen Tundra, und zwar mit dem Flugzeug von Alexander Chloponin, dem Gouverneur von Taimyr und später Krasnojarsk. Wegen eines heftigen Schneesturms gelangten wir nicht zum Ziel, sondern mussten in Igarka landen. Gouverneur Chloponin und seine Gesellschaft setzten ihre Reise nach Norilsk mit dem Hubschrauber fort, aber wegen der Unsicherheit dieser Reise ließ man mich in Igarka zurück, dessen Straflager Parvilahti in seinem Buch beschreibt. Igarka am Unterlauf des Jenissei war seit den Zeiten von Stalins Sowjetunion ein bedeutender Exporthafen für Sägeholz. Norilsk und die Hafenstadt Dudinka am Jenissei besuchte ich unter glücklicheren Umständen im darauffolgenden Jahr.

Als ich von Igarka nach Moskau zurückkehrte, war die erste Sache auf meinem Schreibtisch ein Beschluss der von der russischen Regierung eingesetzten Kommission zur Rehabilitierung der unter Stalin Verurteilten. Darin wird festgestellt, dass das gegen Parvilahti verhängte Urteil ungerechtfertigt war. Ich lud den Vorsitzenden der Kommission, den Vater der Perestroika und engsten Mitarbeiter Gorbatschows Alexander Jakowlew zum Mittagessen ein. Als er hinkend die Treppe zu der finnischen Residenz hinaufstieg, erklärte er mit einem Augenzwinkern: »Die Leningrader Front.« Ich fragte sofort, ob es um einen Frontabschnitt der Deutschen oder der Finnen ging, denn nördlich von Leningrad standen unter Führung von Marschall Mannerheim finnische Truppen. Jakowlew lächelte und versicherte mir, es sei ein deutscher Frontabschnitt gewesen.

In der Deutschen Schule wurde nicht nach der Herkunft meiner Mutter gefragt. Die Schule war international, die meisten Schüler waren finnische Staatsangehörige, aber viele Familien stammten aus Petersburg und dem Baltikum. In meiner Klasse waren zwei russische Mädchen aus einer Emigrantenfamilie, für die gemeinsam mit einem dritten Klassenkameraden eigens ein Unterricht in russisch-orthodoxer Religion organisiert wurde. Gerd wiederum besuchte die Christenlehre in der katholischen Kirche. Meiner Erinnerung nach gab es in den unteren

Klassen eine jüdische Schülerin. In der Zeit zwischen den Kriegen hatte es an der Deutschen Schule keine jüdischen Schüler gegeben.³ Zum 125-jährigen Bestehen kam eine Festschrift zu ihrer Geschichte heraus. Darin wird aus dieser Zeit von Prügeleien zwischen den Schülern der Deutschen und der nahe gelegenen Jüdischen Schule berichtet, gegen die die Rektoren der Schulen einschritten.⁴

1933 war die Deutsche Schule in ein neues Gebäude in der Malminkatu gezogen. Es hieß ursprünglich Hindenburg-Haus, und wenn man genau hinsieht, erkennt man immer noch die Stellen an der Fassade, wo die Buchstaben befestigt waren. Die Schule war damals unbestreitbar stark deutsch-national orientiert, aber sie befand sich nicht völlig in den Händen der Nazis. Dafür sorgte der damalige Rektor Philipp Krämer⁵, dem es auf die christlichen Werte ankam.

Unsere Schule war im wahrsten Sinne des Wortes dreisprachig. Die Klassen waren für den muttersprachlichen Unterricht und den der »zweiten Landessprache« in zwei Gruppen aufgeteilt. Der übrige Unterricht von der Mathematik bis zu den Kunstfächern wurde auf Deutsch erteilt. Etwa ein Drittel der Schüler meiner Klasse war schwedischsprachig. Auch diese Schüler sollten beim Abitur in der finnischen Sprache gut abschneiden. Deshalb wurde für die schwedischsprachige Gruppe eine tüchtige Finnischlehrerin eingestellt, Henke Perlman. Sie war eine resolute Dame, die mit harter Hand die Objektfehler im finnischen Sprachgebrauch der Schüler ausmerzte. Henke Perlman war Jüdin. Meine Mutter kannte ihre ältere Schwester Sheve Perlman. Die beiden hatten die Monate der Evakuierung während des Winterkriegs im südfinnischen Kauniainen verbracht. Die Welt ist klein und Helsinki noch kleiner. Die jemals festgestellte höchste Anzahl der Juden in Finnland betrug knapp 2000. Im Jahr 1930 wohnten in Helsinki 219 jüdische Familien mit 1132 Familienmitgliedern.⁶

In der Schule erinnerten sich die jungen deutschen Lehrer

an ihre Kriegserlebnisse und erzählten Geschichten von der *Stunde null*, von der Zeit nach der totalen Niederlage Deutschlands. Über den Holocaust wurde Anfang der 1960er-Jahre noch nicht gesprochen. Die als Vergangenheitsbewältigung bekannte kritische Selbstprüfung begann in Deutschland spät; in Österreich[7] hat ein entsprechender Diskurs gar nicht stattgefunden. In Deutschland wurde eine gründliche Auseinandersetzung mit der Vergangenheit erst durch die fünf Jahre dauernden sogenannten Auschwitzprozesse in Frankfurt in den Jahren 1958–1963 ausgelöst. Durch sie wurde Auschwitz zum Symbol der Judenverfolgungen. Davor war der Name des Konzentrationslagers in der Öffentlichkeit kaum bekannt.[8] Es gibt die These, dass die Studentenunruhen des Jahres 1968 in Deutschland sowie der daraus hervorgegangene Terrorismus auch eine Art Vatermord waren. Die deutsche Jugend rebellierte gegen die Generation ihrer Väter, die über ihre Vergangenheit keine Rechenschaft abgelegt hatte.

Zum Sammelnamen für die Judenverfolgungen wurde die Bezeichnung Holocaust erst 1978 durch die gleichnamige amerikanische Fernsehserie. 1979 wurde der Begriff in Deutschland zum »Wort des Jahres« gewählt.[9] In seiner bahnbrechenden Gesamtdarstellung ›Bloodlands. Europa zwischen Hitler und Stalin‹[10] zeigt Timothy Snyder von der Yale-Universität, dass sich die im Westen etablierte Vorstellung von den Judenverfolgungen auf Auschwitz sowie auf die Verschleppungen und Schicksale der westeuropäischen Juden konzentriert. Der Schwerpunkt des Holocaust lag jedoch östlich der Molotow-Ribbentrop-Linie, benannt nach den beiden Außenministern von Hitler und Stalin, die sich im Hitler-Stalin-Pakt von 1939 die Interessensphären und Besatzungsgebiete aufgeteilt hatten. Jenseits dieser Linie machten die Deutschen sich nicht die Mühe, die Juden in die Konzentrationslager zu verfrachten, sondern töteten sie an ihren Wohnorten oder ließen sie durch Sklavenarbeit sich zu Tode schuften.

Ich hatte mit dem Geschichtsunterricht Glück. Er war von hohem Niveau und inspirierend. Das ist insbesondere unserem Lehrer für Deutsch und Geschichte, Wolfgang Wankel, zu verdanken. Er stammte aus Nürnberg und war als Soldat in Norwegen gewesen. Sein Bruder war an der Ostfront gefallen. Von ihm habe ich eine Art lebenslang wirkende Schutzimpfung gegen Ideologien bekommen. Ich erinnere mich an eine »Gleichung«, die er an die Tafel geschrieben hatte und in der er Hitlers Errungenschaften aufzählte, angefangen von den Autobahnen bis zur Beseitigung der Arbeitslosigkeit. Danach setzte er die Aufzählung in Klammern und schrieb davor mit einem Minuszeichen das Wort Krieg, das die Errungenschaften annullierte.

Unsere Lehrer für Finnisch und Schwedisch spielten ebenfalls eine wichtige Rolle. Ihre Aufgabe war es, uns Schülern auch Kenntnisse der finnischen Gesellschaft und besonders der jüngsten Vergangenheit zu vermitteln. Besonders beeindruckend war unsere Finnischlehrerin Aune Söderman. Sie war als Frontlotta im Fortsetzungskrieg gewesen. Eine »Lotta« war ein Mitglied der finnischen Frauenorganisation »Lotta Svärd«, einer Hilfsorganisation zur Unterstützung der kämpfenden Truppe. Der Name kommt von einer gleichnamigen Gestalt aus Johan Ludvig Runebergs großer Dichtung ›Fänrik Ståhls Sägner‹. Darin wird vom Krieg Schwedens gegen Russland 1808–1809 erzählt, in dessen Folge Finnland unter die russische Herrschaft geriet. Das schwedischsprachige Werk war für Finnland identitätsstiftend. Es würdigt unter anderem die Leistungen der einfachen Soldaten im erfolglosen Verteidigungskrieg gegen Russland. Die Lottas leisteten Sanitäts-, Verpflegungs-, Telefon- und andere Dienste, darunter auch an den Horchgeräten zur frühen Wahrnehmung feindlicher Flugzeuge im Anflug. Nach dem Krieg hatte Aune Söderman in Zürich Gesang studiert.

Unser Schwedischlehrer Folke Wagner war der Sohn eines

sogenannten Finnlandkämpfers gewesen. Sein deutscher Vater war im Jahr 1918 mit der Ostseedivision von Generalmajor Rüdiger von der Goltz nach Finnland gekommen. Von der Goltz bekämpfte zusammen mit Mannerheim im Finnischen Bürgerkrieg die Roten Garden. Wagners Vater war dann im Land geblieben. Mit Folke Wagner lasen wir Runebergs ›Fänrik Ståhls Sägner‹ in der Originalsprache, also auf Schwedisch. Später ging Folke Wagner in die Industrie. Damit dürfte auch sein einziger Kummer behoben gewesen sein. Er konnte sich damals kein besseres Auto leisten als einen Škoda, während seine deutschen Kollegen stolz mit ihrem Käfer herumfuhren.

Als Schüler der Deutschen Schule Helsinki lernte man Deutsch und konnte sich, wenn man es denn wollte, ausgiebig in die Kultur und Geschichte Deutschlands vertiefen. Doch im Helsinki der Jahre 1950–1960 identifizierte sich ein finnischer Schüler nicht mit Deutschland. Im Gegenteil, der Zeitgeist betonte das Finnentum. Ich kannte Deutschland nicht und besuchte das Land erstmals 1967 als Student.

»Mutter Jüdin, hat aber die Deutsche Schule besucht.«

Meine Mutter sprach so gut wie nie über ihre jüdische Herkunft, und auch ich als Erwachsener tat es selten. Im Außenministerium wurde ich nur ein einziges, unvergessliches Mal damit konfrontiert, im Sommer 1974. Da war ich schon an der Botschaft in Moskau tätig, als Attaché. Botschafter Jaakko Hallama war im Urlaub. Mein Vorgesetzter, Botschaftsrat Arto Mansala, und ich mussten aus irgendeinem Grund den Tresor des Botschafters öffnen. Das zuoberst liegende Papier flog dabei zu Boden, und ich hob es auf. Es war ein Brief Hallamas an Unterstaatssekretär Yrjö Väänänen, in dem er seinen Attaché Nyberg beurteilte. Ich konnte gerade noch den Anfang des Briefes erfassen, ehe Mansala ihn rasch ergriff, zurücklegte und den Tresor verschloss. Als Mansala schon in Pension war, ließ er mir eine Kopie des Briefes zukommen, der im Archiv des Außenministeriums liegt. Darin charakterisierte mich Hallama als »einen interessanten Fall, Mutter Jüdin, aber hat die Deutsche Schule besucht«.[1]

Ein anderer Fall, über den ich mir jahrelang Gedanken gemacht habe, betraf nicht mich persönlich, sondern ich beobachtete ihn als Referent von Unterstaatssekretär Keijo Korhonen aus der Distanz. Max Jakobson (1923–2013), finnischer Außenpolitiker und einer der Architekten der KSZE-Konferenz 1975, hatte in den 1960er-Jahren die finnische Neutralitätspolitik wesentlich mitgestaltet. 1971 verlor er den Wettbewerb um den Posten des UNO-Generalsekretärs. Damals wurde er von der extremen Linken, bestimmten Journalisten und Juhani Suomi im Außenministerium stark kritisiert. Suomi war ebenfalls Historiker und verfasste später eine mehrteilige Biografie über den Staatspräsidenten Urho Kekkonen. Die sowjetischen Archive sind noch nicht in allen Teilen zugänglich, aber es ist wohl wahrscheinlich, dass die Sowjetunion den brillanten und aktiven finnischen Diplomaten Jakobson nicht als Generalsekretär der UN haben wollte. Es ging dabei um die Finnland-Politik der Sowjetunion und um Jakobsons Einstellung dazu. Noch in einem 2013 erschienenen Buch erinnert Juhani Suomi daran, dass »Jakobson der Sowjetunion gegenüber negativ eingestellt gewesen« sei.

Jakobsons jüdischer Hintergrund war seinerzeit vermutlich zweitrangig. Allerdings gab der offizielle Antisemitismus der Sowjetunion, der nach dem Sechstagekrieg von 1967 zugenommen hatte, der Kritik an Jakobson auch diese Nuance, und das wurde in Finnland registriert. Juhani Suomi jedenfalls wusste, was er tat. Es wäre auch sehr verwunderlich, wenn Suomi als damals führender Exeget von Finnlands Beziehungen zur Sowjetunion und vor allem des Vertrags über Freundschaft, Zusammenarbeit und gegenseitige Hilfe nicht das antisemitische Element in der Kritik der sowjetischen Botschaft erkannt hätte. Es war ein Teil der Breschnew'schen Innen- und Außenpolitik, die nicht unmittelbar etwas mit Finnland und Max Jakobson zu tun hatte. Juhani Suomi hielt ständigen Kontakt zur Sicherheitspolizei, die über das, was sich bei der sowjetischen Botschaft tat, bestens Bescheid wusste. Einmal musste er daran gehindert werden, in einem Zeitungsartikel eine alttestamentliche Stichelei gegen Jakobson zu verwenden: »Die Stimme ist die von Jakob, aber die Hände sind die von Esau.« Das alles geschah vor dem Hintergrund des Antisemitismus der sowjetischen Botschaft.

Jakobson schrieb auch Kolumnen für die finnische Tageszeitung ›Helsingin Sanomat‹. Die wiederum bat ihren Kolumnisten, die mehrteilige Kekkonen-Biografie von Suomi Band für Band zu rezensieren. Das war eine giftige Konstellation. Denn Jakobson war vom Ende der 1950er-Jahre an Staatspräsident Kekkonens engster außenpolitischer Mitarbeiter gewesen und einer der wenigen, die es vermochten, gleichzeitig zu Kekkonen Distanz zu wahren.

1977 kam ein neuer KGB-Resident in die sowjetische Botschaft, General Viktor Wladimirow. Er wechselte gemäß seinem Auftrag als erste Amtshandlung 1977 den Botschafter Wladimir Stepanow aus. Stepanow fand sich, gedemütigt, in Petrosawodsk in Karelien wieder. Außerdem unterhielt Wladimirow aktiv Kontakte zu allen wichtigen finnischen Akteuren, unter anderem zu Päiviö Hetemäki, einem einflussreichen konservativen Politiker und mehrmaligen Minister, der ihn seinerseits mit Jakobson bekannt machte.

Nach der ersten Begegnung im Jahr 1977 charakterisierte Wladimirow Max Jakobson und sein Verhältnis zur Sowjetunion folgendermaßen:»Man konnte Max Jakobson nicht als Freund der Sowjetunion bezeichnen, aber er wirkte auch nicht wie ein Feind, obwohl manche Angestellten der sowjetischen Botschaft in Helsinki das bisweilen behaupteten.« Aus Wladimirows Memoiren ergibt sich von Jakobson ein Bild, das Wertschätzung, ja Ehrerbietung erkennen lässt. Immer wieder zitiert und kommentiert Wladimirow Jakobsons Schriften.

Eine andere Person, die auf die Finnland-Politik der Sowjetunion Einfluss hatte, war Wladimir Fjodorow, der in der sowjetischen Botschaft in Helsinki und im Zentralkomitee der KPdSU tätig war. In seinen Memoiren bezeichnet er Jakobson säuerlich als »den weisen Juden des Gouverneurs« – eine alte russische Redensart. Fjodorow, der die finnischen Minderheitskommunisten unterstützte und als Finnlandfresser bekannt war, riet einem ehemaligen TASS-Journalisten, der heute die finnische Staatsangehörigkeit besitzt, man solle Finnland immer als Feind betrachten, denn das erleichtere den Umgang mit dem Land. Der finnische Staatspräsident Kekkonen stand für eine strikte Neutralitätspolitik auch gegenüber der Sowjetunion, eine Haltung, die von vielen als zu nachgiebig empfunden wurde. Auf diese Einschätzung geht das Schlagwort »Finnlandisierung« aus dem Kalten Krieg zurück. Als Kekkonen 1981 plötzlich erkrankte und sein Amt aufgeben musste, war Suomis KGB-Kontaktmann sehr in Sorge und klagte: »O je, das kommt zu einem sehr schlechten Zeitpunkt!« Ein Jahr später war auch Breschnew tot.

Wie Wladimirow war auch sein 20 Jahre jüngerer Kollege Wjatscheslaw Trubnikow ein Zögling von Juri Andropows KGB. Trubnikow begann im Jahr 1984 seine Karriere als KGB-Resident in Neu-Delhi. Er wurde Chef der Auslandsaufklärung SWR (ehemals die 1. Hauptabteilung des KGB) in den Jahren 1996–2000 und Armeegeneral. Ich lernte ihn kennen, als er in den Jahren 2000–2004 zu meiner Zeit als finnischer Botschafter in Moskau erster Stellvertreter des russischen Außenministers war. Noch besser lernten wir uns in internationalem Zusammenhang kennen, und im Herbst 2013 nahm ich ihn zu einem Abendessen in Helsinki mit. Anwesend waren führende Vertreter der Industrie, Diplomaten und Wissenschaftler. Dort beschrieb Trubnikow die Arbeit der Auslandsaufklärung des KGB folgendermaßen: »Wir beim KGB wurden dafür bezahlt, dass wir erzählten, wie die Dinge wirklich standen.«

Ein Ehrenmord in Helsinki in den 1930er-Jahren

Meine Mutter Feigo (Feige, Fanny) Tokazier und mein Vater Bruno Nyberg haben sich vermutlich schon 1934 kennengelernt. Aus dem Nachlass meiner Mutter befindet sich heute im Besitz meiner Frau ein schöner Ring mit einem Aquamarin, der die Gravur trägt »6.1.1935 B.«, desgleichen der Verlobungsring meiner Mutter, Platin mit Brillanten und der Gravur »3.12.1936 Bruno«.
Mein Vater war Sportler und erster Vorsitzender des Finnischen Gewichtheberverbands. In den Jahren 1952–1960 war er Präsident des Internationalen Gewichtheberverbands. Sportler waren auch die drei Brüder meiner Mutter. Der jüngste, Jakko (Jakob), sowie der eine der beiden Zwillingsbrüder, Meishu (Moses), waren Gewichtheber der Meisterschaftsklasse. Der andere Zwilling, Memu (Abraham), war ein berühmter Schnellläufer.
Bruno ging im Elternhaus meiner Mutter ein und aus und verliebte sich in die schöne Schwester dieser Brüder. Das erregte bei ihrem Vater Meier Tokazier höchste Besorgnis. 1937 schickte er Feigo nach Riga zur Familie seines Bruders Abraham Tukatsier*, wo es vier Töchter gab. Die älteste davon, Mascha (Maria), war zwei Jahre jünger als meine Mutter, und die Cousinen hatten sich schon früher angefreundet. Meine

---

* Der ursprüngliche Name auf Russisch wird **Tukatsier** transkribiert. Aus dieser Schreibung wurde in Finnland im Schwedischen **Tokazier**, da der u-Laut im Schwedischen mit o geschrieben wird (der o-Laut dagegen mit dem schönen skandinavischen Buchstaben å) und **ts**, wie im Deutschen, mit **z**.

Drei Gewichtheber der Meisterklasse: Jakko und Moses Tokazier, Bruno Nyberg

Mutter hatte bereits den Sommer 1929 in Riga verbracht und Mascha ihrerseits dann den darauffolgenden Sommer bei der Familie ihres Onkels in Helsinki.

In Helsinki lebten nur gut 200 jüdische Familien. Da war es nicht leicht, einen geeigneten Bräutigam zu finden. Die jüdische Bevölkerung Rigas dagegen zählte ein Mehrfaches davon (im Jahr 1940 etwa 50 000). Die Idee war, in der Musikwelt Rigas könnte sich ein passender Bräutigamskandidat finden. Mascha hatte ihr Studium am Konservatorium von Riga als Klavierlehrerin im Frühjahr 1936 abgeschlossen. Eine russische Lokalzeitung berichtete darüber, dass sie im Abschlusskonzert des Jahrgangs am Konservatorium das Klavierkonzert Nr. 1 fis-Moll von Rachmaninow »mit großem Erfolg« zu Gehör brachte.[1]

Mutter und Mascha teilten im Frühjahr 1937 das Zimmer in der geräumigen Wohnung der Tukatsiers in Riga. Mutter vertraute sich ihrer Cousine an und gestand ihr, sich heimlich verlobt zu haben. Mascha riet ihr, der Stimme des Herzens zu

Mascha, Feigo und Bella mit einem unbekannten Kavalier, Riga 1929

folgen, wenn sie Bruno liebte. Das vergaß Bruno ihr nie. Er dankte Mascha dafür, als sie sich 1957 am Rigaer Strand in Jurmala wiedersahen.

In Riga hatte meine Mutter ausgezeichnet Deutsch gelernt und sprach diese Sprache bis ans Ende ihres Lebens mit schönem baltendeutschen Akzent. »Livet var gott i Riga« (das Leben in Riga war gut) war eine Feststellung, die sie oft wiederholte. Aber einen jüdischen Mann fand sie dort nicht, sondern kehrte nach Helsinki zurück. Im August 1937 heiratete sie Bruno.

Sie wusste, was sie tat, obwohl sie nicht ahnte, welche Folgen das haben sollte.

Feigo und Mascha 1930 in Helsinki auf der Esplanade

Sie packte ihre Sachen, verließ ihr Zuhause in der Lönnrotinkatu und telegrafierte ihrem Vater, sie habe Bruno geheiratet und sei auf Hochzeitsreise nach Stockholm gegangen. Meier griff sofort zu einer drastischen Maßnahme. Er stellte Strafanzeige gegen seine Tochter und behauptete, sie habe Geld aus der Kasse des Bekleidungsgeschäfts der Familie veruntreut. Die Kriminalpolizei verhaftete meine Mutter im Hafen von Turku auf dem Schiff nach Schweden, bevor die Hochzeitsreise überhaupt begonnen hatte. Mutters Zwillingsbrüder liehen der Polizei den Packard der Familie, und Feigo wurde noch in derselben Nacht nach Helsinki zurückgebracht. Trotz des Widerstands der Brüder fuhr auch Bruno in dem Auto mit. In Helsinki wurde meine Mutter eingesperrt.

Beim Polizeiverhör am nächsten Tag herrschte eine extrem aufgeheizte Stimmung. Aus dem Protokoll geht hervor, dass besonders ihr Bruder Abraham meine Mutter auf das Übelste beschimpfte und erklärte, er werde sie lieber umbringen, als sie mit Bruno verheiratet zu sehen. Das bestritt er später vor Gericht. Auch Riko, die Schwester, war bei dem Polizeiverhör anwesend, nannte Feigo eine Hure und sagte: »Es wäre besser gewesen, du wärest tot und niemals geboren worden!« Daraufhin musste sie die Polizeistation verlassen.

Abraham bedrohte meinen Vater auch physisch. Aus den Polizeiprotokollen geht hervor, dass der Kriminalbeamte namens Wächter auf Abraham Tokaziers Drohungen hin meinen Vater aufforderte, sich eine Waffe zu beschaffen (»*beväpna Er*«). Das ist eine Aufforderung aus dem Mund eines Polizisten, die im heutigen Finnland nur schwer vorstellbar ist. Mein Vater befolgte den Rat, und die Mauser-Pistole 1914, die er erwarb, befindet sich heute in meinem Besitz, allerdings deaktiviert. Als der Winterkrieg ausbrach, legte mein Vater die Pistole für meine Mutter auf den Tisch im Vorraum unserer Wohnung in der Merimiehenkatu, und meine Mutter erzählte, dass sie immer einen großen Bogen darum gemacht habe.

Schon im Hafen von Turku war der jähzornige Abraham auf das angeblich veruntreute Geld gar nicht mehr zurückgekommen und hatte nur erklärt, das Wichtigste sei es, »Feigo nach Helsinki zurückzubekommen«. Bei der Gerichtsverhandlung löste sich die Anschuldigung der Veruntreuung in Luft auf, und die Sache verkehrte sich in ihr Gegenteil. Meier Tokazier bekam eine Anklage wegen Freiheitsberaubung, für die er zu Zuchthaus von sieben Monaten auf Bewährung verurteilt wurde. Die Sache wurde in vier Sitzungen des Amtsgerichts verhandelt. Das zweitinstanzliche Gericht in Turku, das »Hofgericht«, änderte das Urteil im Juni 1940 in eine Haftstrafe ohne Bewährung, die vom Obersten Gericht im Mai 1941 bestätigt wurde.

Als Feigo am Sonntag, dem 22. August 1937, aus dem Polizeigefängnis freikam, rief Abraham bei der Polizei an, erzählte, sein Vater habe einen Herzanfall bekommen, und behauptete, er liege im Sterben, was nicht der Wahrheit entsprach. Feigo wurde von einem Kommissar in die elterliche Wohnung in der Lönnrotinkatu gebracht, der die Beteiligten einem Kreuzverhör unterziehen wollte. Daraus wurde jedoch nichts wegen des schlechten Gesundheitszustands ihres Vaters. Laut Protokoll saß Feigo am Bett ihres Vaters, weinte und hielt ihm die Hand. Er sagte zu seiner Tochter: »Du wirst mich nicht verlassen.« Daraufhin versicherte Feigo, sie werde nicht fortgehen.

Meiers Motive waren klar, und er schilderte sie offen in der Erklärung, die er bei Gericht abgab. Er wollte mit allen Mitteln verhindern, dass seine Tochter einen »schicksalsschweren« Fehler beging. Er beschuldigte sie, ihrem Vater Schande gemacht zu haben. Feigo wiederum stellte in ihrer Aussage fest, ihr Vater habe eine falsche Anzeige erstattet, um eine Ehe zu verhindern, die seiner Ansicht nach nicht nur im Widerspruch zu seinem Glauben stand, sondern auch in Zukunft der Tochter nur Unglück bringen würde. Feigo war der Meinung, dass die Polizei irregeführt wurde mit dem »Ziel, mich von meinem Mann zu trennen und mich gegen meinen Willen zur Rückkehr nach Hause zu zwingen«. Sie fügte hinzu, dass eine Veruntreuung, wenn es tatsächlich eine gegeben hätte, niemals bei der Polizei angezeigt worden wäre.

Meier Tokaziers florierendes Herrenausstattungsgeschäft war ein typisches jüdisches Familienunternehmen. Feigo erklärte dem Gericht gegenüber, es sei absolut undenkbar, interne Streitigkeiten des Familienunternehmens vom Gericht entscheiden zu lassen. Die »Veruntreuung« sei lediglich ein Vorwand gewesen, um die Polizei in Bewegung zu setzen. »Mein Verbrechen« war die Ehe mit einem Christen, stellte sie fest.

Den Gerichtsprotokollen zufolge blieb Feigo in der Wohnung ihres Vaters in der Lönnrotinkatu, wo auch die anderen vier erwachsenen Kinder wohnten. Meier bestritt die Anschuldigung der Tochter, sie sei gegen ihren Willen in der Wohnung festgehalten worden. Übereinstimmend sagten Vater und Tochter aus, dass Feigo am 3. November 1937 von der Lönnrotinkatu zu Bruno in die Merimiehenkatu gegangen sei. Was während dieser Wochen geschah, lässt sich nicht mehr ermitteln. Unklar bleibt auch, was die »Freiheitsberaubung«, für die Meier verurteilt wurde, in der Praxis bedeutete. Nichts deutet darauf hin, dass die Tochter physischer Gewalt ausgesetzt gewesen wäre, aber – nach allem zu schließen – psychischer dagegen umso mehr. Feigo äußert in ihrer Aussage, sie sei gegen ihren Willen und unter ständigen Drohungen in ihrem Elternhaus festgehalten worden, bis sie all ihren Mut zusammennahm und fortging.

Falls Feigo nun die Scheidung von Bruno gewünscht hätte, wäre das nach all dem leicht zu begründen gewesen. Aber der Beschluss der 27-jährigen jungen Frau hatte Bestand. Sie verließ ihr Vaterhaus und begab sich zu ihrem Mann. Das bedeutete den endgültigen Bruch mit der Familie und die Loslösung von der alten Welt. Offenbar war meine Mutter einmal zu Beginn des Winterkriegs in einem Luftschutzraum am Erottaja ihrem Vater begegnet. Meier hatte seine Tochter angesehen und ausgestoßen: »Soll dich doch die erste Bombe töten!«

Wurde Meier Tokazier begnadigt, oder blieb das Urteil in Kraft? Ich erinnere mich, von meinen Eltern gehört zu haben, dass der Präsident der Republik Meier begnadigt habe. In den Archiven habe ich jedoch keinen solchen Beschluss gefunden und auch keine Angabe dazu, dass Meier sein Urteil abgesessen hätte. In einer abweichenden Meinung des Referenten und des Gerichtsrats, die dem Beschluss des Obersten Gerichts anliegt, wird vorgeschlagen, die Strafe auf sechs Monate zu verringern. Dann hätte Meier die gegen ihn verhängte Gefängnisstrafe wegen eines Gesetzes vom 8. Mai 1940 über »die Begnadigung einiger Straftäter«[2] nicht abzusitzen brauchen. Es bleibt eine Mutmaßung, dass der Kriegszustand den 61-jährigen Meier vor dieser Demütigung bewahrte.[3]

Im Alter sprach meine Mutter oft von ihrer Mutter, selten von ihren Geschwistern. Als sie schon sehr alt war, sagte sie einmal, dass sie ihrem Vater verzeihe, denn er habe nicht anders gekonnt. Er war ein Gefangener seines Glaubens. Ich habe oft gedacht, dass Tochter und Vater sich in mancherlei Weise ähnelten, jedenfalls insofern, als sie stark und unnachgiebig waren.

Als meine Mutter schon über neunzig war, brachte ich einmal Ben Grass, den Sohn ihrer Schwester, zu ihr. Bald kam sie direkt zur Sache und fragte auf Schwedisch: »Ben, du hast doch eine Christin geheiratet, was hat deine Mutter dazu gesagt? Das ist doch, als spuckte man ins eigene Glas.« Natürlich wusste Mutter genau, dass Bens Frau zum Judentum übergetreten war und ihre drei Kinder zu Juden erzogen hatte. Aber Ben, der ehemalige Geschäftsführer eines großen Unternehmens, saß auf dem Stuhlrand wie ein kleiner Junge und pflichtete ihr zuvorkommend bei. Für ihn war der Besuch wichtig, er wollte eine Aussöhnung. Sonst hätte er seine Tante nicht aufgesucht.

Bruno Nyberg war in der Familie so lange akzeptiert worden, wie er lediglich der Sportsfreund der Brüder Tokazier war. Als er aber begann, sich für eine Tochter des Hauses zu interessieren, »*min klokaste och vackraste dotter*« (meine klügste und schönste Tochter), wie Meier entsetzt feststellte, wurde er zu einem Feind. Vor Gericht behauptete Meier sogar, er kenne Bruno überhaupt nicht. Interessant ist auch, dass von Feigos Geschwistern nur der eine Zwilling, Abraham, sowie die Schwester Riko aggressiv auftraten. Zwar verwechselten die Polizisten in ihren Aussagen die Zwillinge, aber aus den Prozessunterlagen geht hervor, dass Moses pas-

Fanny Nyberg

siv blieb. Feigo weist in ihrer Aussage darauf hin, dass ihre Brüder sie unter Druck gesetzt hätten, womit sie die Zwillinge gemeint haben dürfte, denn der jüngere Bruder Jakob wird in keinem Zusammenhang erwähnt.

Aus dem Archiv des Verbands der Gewichtheber Finnlands geht hervor, dass Moses Tokazier im Herbst 1937 als Buchprüfer des Gewichtheberverbands tätig war. Im Oktober beschloss die Versammlung, ihn zu bitten, auch im kommenden Jahr die Bücher zu prüfen. In derselben Versammlung akzeptierte der Verband als neue Mitgliedsgesellschaft unter anderem den jüdischen Sportverein Makkabi (vierzig Mitglieder). Die hervorragendsten Gewichtheber des Vereins waren Jakob und Moses Tokazier. Beide Brüder setzten ihre Laufbahn als Gewichtheber nach der Heirat ihrer Schwester fort. Jakob Tokazier wurde im Jahr 1941 der erste Meister im Gewichtheben der nordischen Länder, der aus Finnland kam.

Der andere Zwilling, Abraham Tokazier, hat finnische Sportgeschichte geschrieben. Beim Wettkampf anlässlich der Eröffnung des Helsinkier Olympiastadions im Frühjahr 1938 setzten die Zielrichter ihn auf Platz vier, obwohl die Zielkamera beweist, dass er den 100-Meter-Lauf unstreitig gewonnen hatte. Der Schriftsteller Kjell Westö hat den Fall in seinem 2013 erschienenen Roman ›Das Trugbild‹ (Kangastus 38) erneut aufs Tapet gebracht. Obwohl die Zeitung ›Helsingin Sanomat‹ gleich am Tag nach den Wettkämpfen ein Foto der Zielkamera veröffentlichte, wurde der Beschluss der Zielrichter nicht annulliert. Nach dem Skandal, den Westös Buch ausgelöst hatte, setzte der Finnische Sportbund im Jahr 2013 die Sache erneut auf die Tagesordnung und kippte den alten Beschluss. Das dürfte in der Geschichte des Sports ein einzigartiger Vorgang sein. Zugleich ist der Fall auch ein Beispiel für den Antisemitismus im Finnland der 1930er-Jahre.

Der Bruch der Familie mit Feigo kann als eine Art Ehrenmord gesehen werden, obwohl sie dabei nicht getötet wurde. Ihre Familie erklärte sie rituell für tot, und sie wurde vollständig aus deren Leben getilgt. Als Meier im Herbst 1940 beim Obersten Gericht Rechtsmittel einlegte, brachte er seine Auffassung zu Protokoll, dass die Eheschließung seiner Tochter mit einem Christen ihm Schande bereite, ihn in ein denkbar schlechtes Licht setze und seiner Tochter schade. Mir wurde erzählt, Meier habe im Zusammenhang mit meinem Vater geäußert, der Ehemann seiner Tochter »könne gern ein Straßenfeger sein, wenn er nur Jude ist«.

Das Schicksal meiner Mutter ist kein Einzelfall, so etwas geschah häufiger. Die Ehe einer jüdischen Frau mit einem Außenstehenden bedeutet nach Auffassung eines orthodoxen Juden »eine untilgbare Verunreinigung« und hatte ihre Exkommunikation, das heißt den Ausschluss aus der Gemeinschaft, sowie ihren symbolischen Tod zur Folge.[4]

Meiers Aussage und vor allem sein Vorwurf, Feigo habe Schande über ihren Vater gebracht, stimmt fast wortwörtlich mit der Klage des Milchmanns Tewje, der Hauptperson in dem Roman und Musical ›Anatevka‹ (Fiddler on the Roof), überein. Auch Tewjes Tochter Chava heiratet einen Christen, aber anders als Feigo versucht Chava, zu ihrem Vater zurückzukehren, und als dessen Schwester den Vater um Gnade bittet, sagt der: »Und das Herzeleid, das noch heute an mir nagt, wenn ich daran denke, was sie mir angetan hat und um wessentwillen sie uns verleugnet hat. Wo ist ihr Mitleid mir gegenüber?«

Scholem Alejchems ›Tevye der Milhiker‹[5], wie der Titel des jiddischsprachigen Buchs lautet, ist vor allem als kitschiges Broadway-Musical bekannt, in dem sogar der Handlungsverlauf geändert worden ist. Das Buch selbst ist jedoch eine bedeutende Schilderung des Umbruchs im Leben des *Schtetl*, der jüdischen Kleinstadt. Von Tewjes Töchtern heiratet die erste einen Radikalen, das heißt, einen künftigen Bolschewiken, die zweite einen armen Schneider, die dritte gerät an einen Verführer und begeht Selbstmord, nachdem sie schwanger geworden ist, die vierte heiratet einen Spekulanten, der alles verliert und dann nach Amerika auswandert. Die fünfte Tochter heiratet einen Russen, also einen Christen, und diese Tochter verleugnet der Vater. Die Familie veranstaltet eine *Schiwa*, wie die Religion sie vorschreibt, das heißt, sie trauert sieben Tage um ihr »totes, lebendes Kind«, wie Tewje es ausdrückt.

So wurde es auch im Herbst 1937 in der Familie Tokazier in Helsinki gehandhabt. Der Vater sprach in der Synagoge das Totengebet, das *Kaddisch,* für seine lebende Tochter, und die Familie veranstaltete eine *Schiwa*, eine Trauerwoche. Zur *Schiwa* gehört es auch, die Beileidsbekundungen und Trostworte der Verwandten und Freunde entgegenzunehmen. Wer mag im Herbst 1937 die Familie Tokazier anlässlich des Todes ihrer lebenden Tochter getröstet haben?

Eine Beschreibung der jüdisch-orthodoxen Tradition aus der Feder des finnischen Journalisten Rony Smolar beleuchtet den Hintergrund des Beschlusses der Familie Tokazier: »Im Hause einer jüdisch-orthodoxen Familie war die Heirat eines Kindes mit einem Nichtjuden ... gleichbedeutend mit dessen Tod. Ebenso wie das Ableben eines Menschen konnte man sie elf Monate lang betrauern: Man legte Trauerkleidung an, sprach in der Synagoge ein Gebet für die tote Seele, und ein Kind, das

> # JUDISK ATLETIKAFTON
>
> arrangeras
> lördagen den 13 mars kl 19,30 i Judiska samskolan.
>
> **Viktlyftningsuppvisning**
> av finska rekordmännen
>
> ## B. NYBERG J. TOKAZIER
> ## M. TOKAZIER
>
> **Brottningsuppvisning**
> av H. P. U. L.- mästarna bröderna Schick
>
> **Boxningsuppvisning**
>
> # VIKTLYFTNINGSTÄVLING
> i vilka ett 20-tal judiska pojkar deltaga.
>
> ## GOD BUFFÉ!
> ## ALLMÄN DANS!
>
> ARRANGÖR **HAKOAH**

Plakat des Jüdischen Sportvereins Makkabi: Eine Stilprobe des Gewichthebens geben B. Nyberg, J. Tokazier und M. Tokazier.

seinen Glauben verraten hatte, wurde aus der Familie ausgestoßen. Es war einfach nicht mehr vorhanden.«[6]

Das finnische Recht lässt es jedoch nicht zu, dass ein gesetzlicher Erbe im Todesfall übergangen wird. In Meier Tokaziers Nachlassverzeichnis vom Mai 1966 wird meine Mutter unter den Erben aufgeführt, aber bei der Erstellung des Verzeichnisses wurde sie von einem Anwalt vertreten. Der Film ›Every Time We Say Goodbye‹ aus dem Jahr 1986 erzählt von einem Piloten der Royal Air Force, der von Tom Hanks gespielt wird. Er wird in Nordafrika verwundet und als Rekonvaleszent nach Jerusalem geschickt, wo er ein Ladino-Mädchen kennenlernt. Die Ladinos sind orthodoxe Juden, die im 16. Jahrhundert aus Spanien vertrieben wurden und ihre Sprache, das sogenannte Judenspanisch, bewahrt haben. Das Verhältnis der jungen Leute führt zum Bruch zwischen dem Mädchen und ihrer Familie. Besonders die Mutter ist grausam, und die Brüder zerreißen sich buchstäblich das Hemd. Einer von ihnen verteidigt allerdings seine Schwester und stichelt seinen Brüdern gegenüber, jetzt werdet ihr sie wohl steinigen. Der Vater ist verständnisvoll, stellt jedoch ruhig fest, wenn du einen Christen heiratest, bist du nicht mehr meine Tochter. Ich erzählte meiner Mutter von dem Film. Sie hörte mir zu und erwiderte: »Das war mein Schicksal.«

Als Gymnasiast ging ich einige Male mit einer Cousine aus der Familie meiner Mutter ins Kino. Der Vater des Mädchens war einer der wenigen Cousins meiner Mutter, zu denen meine Eltern einigen Kontakt behalten hatten. Meine Cousine lud mich einmal auch zu einer Abendveranstaltung in den Räumen der jüdischen Gemeinde ein. Meine Mutter verbot mir strengstens, dorthin zu gehen. Sie wünschte sich, ich möge zu ihren Lebzeiten niemals einen Fuß in dieses Haus setzen. Die erste Synagoge, die ich von innen sah, war die beeindruckende Große Choral-Synagoge von Leningrad im Sommer 1971, wo ich auch zum ersten Mal Jiddisch hörte und auf Deutsch antwortete.

Ich respektierte den Willen meiner Mutter und besuchte die Synagoge von Helsinki erst nach ihrem Tod. Ich hatte jedoch

Hillel Tokazier rechtzeitig gebeten, das *Kaddisch* für meine Mutter zu sprechen, wenn es so weit sein würde. Das allerdings keineswegs aus religiösen Gründen, sondern weil mein Großvater es für seine lebende Tochter gebetet hatte. Als meine Mutter im Dezember 2006 starb, war ich in Berlin und wollte gerade nach München fahren. So bat ich nach dem Erhalt der Todesnachricht meinen Freund Michael Wolffsohn, damals Professor für Geschichte an der Bundeswehrhochschule München, das *Kaddisch* für meine Mutter zu sprechen. Nach Finnland zurückgekehrt, bat ich Hillel, das Gleiche nochmals in der Synagoge von Helsinki zu tun.

Meine Mutter hat vermutlich im Herbst 1937 einen Besuch in der jüdischen Gemeinde gemacht. Mein Vater hatte einmal erzählt, wie entsetzt Rabbi Simon Federbusch über den Beschluss der »Tochter Zions« gewesen war. Auf Initiative von Federbusch veranstaltete die Gemeinde am 25. November 1937 in den Räumen der Jüdischen Gemeinschaftsschule einen Gesprächsabend zum Thema Mischehen. Sicherheitshalber wird in der Einladung an die Gemeindemitglieder betont, dass »die Anwesenheit der Jugend unerlässlich« sei. Sehr wahrscheinlich ging es darum, dass Mischehen mit Nichtjuden strengstens abzulehnen sind. In demselben Geist erinnerte der Jüdische Sportverein Makkabi in einem in scharfem Ton abgefassten Hirtenbrief vom April 1938, dass die Mitglieder, die in einer Mischehe lebten, sich bis auf Weiteres nicht an der Gemeindearbeit beteiligen dürften.[7]

Federbusch (1882–1969), in Galizien geboren, war zehn Jahre lang, von 1930 bis 1940, Rabbiner der Helsinkier Jüdischen Gemeinde, ein hochgebildeter Intellektueller, der Standardwerke über das Judentum verfasst hat. Er hatte in Wien studiert und war als orthodoxer Jude und vehementer Zionist in das polnische Parlament, den Sejm, gewählt worden. Er wehrte sich unter anderem dagegen, dass in der Jüdischen Schule Helsinki Jiddisch unterrichtet wurde. Als aber im Fe-

DEN JUDISKA ALLMÄNHETEN

inbjudes härmed till en

DISKUSSIONSAFTON

TORSDAGEN DEN 25 NOVEMBER 1937 KL. 20 (8)
i Judiska Samskolans festsal Gräsviksg. 3

ÄMNE: BLANDÄKTENSKAP

REFERENT: RABBIN DR. S. FEDERBUSCH

UNGDOMENS NÄRVARO NÖDVÄNDIG.

FÖRVALTNINGSRÅDET.

Einladung der Helsinkier Jüdischen Gemeinde zu einer Veranstaltung für die Jugend zum Thema Mischehen

bruar 1940 der Winterkrieg immer noch andauerte, verließ der Rabbi seine Herde und flüchtete in die Vereinigten Staaten.[8] Dieser Umstand wird in den Protokollen des Jüdischen Gemeinderats das ganze Jahr 1940 hindurch erörtert. Als Antwort auf die Aufforderung des Jüdischen Gemeinderats vom 9. Februar 1940, unverzüglich zurückzukehren und seine Aufgaben wahrzunehmen, schickte Federbusch den Brief zurück, auf dem er handschriftlich in elegantem Deutsch vermerkt hat, er bestreite das Recht des Gemeinderates, ihm Befehle zu erteilen.

Sozialisierung in der finnischen Gesellschaft

Aus den in Finnland lebenden Juden wurden erst nach dem Zweiten Weltkrieg Finnlandjuden, also ein Teil der finnischen Gesellschaft, obwohl sie schon seit dem 19. Jahrhundert ein sichtbarer Bestandteil der Hauptstadtgeschichte gewesen waren. Noch in der Zwischenkriegszeit waren die Juden ein fremdes Element gewesen. Sie waren mehrsprachig, stark zionistisch orientiert und urban, eine ganz eigene, auf den Handel konzentrierte Minderheit, die über eine höhere Bildung verfügte als die agrarische Stammbevölkerung des Landes.[1] Die Zionisten hoben immer wieder hervor, dass die Juden sich nur durch Bildung von den sogenannten jüdischen Berufen wie Kleider- und Pelzhandel lösen könnten.[2]

Es waren sprachliche Gründe, warum sich die finnischen Juden Schweden näher fühlten als dem Baltikum, wo die Juden hauptsächlich Jiddisch sprachen. Das Fehlen einer jüdischen Schule im russischen Großfürstentum Finnland, also bis 1918, beschleunigte die Assimilation.[3] Anders als in der erheblich älteren und größeren jüdischen Gemeinschaft in Schweden stammten die finnischen Juden fast ausnahmslos aus Russland und hatten sich nach dem Ende des Militärdienstes in Finnland niedergelassen.[4] Die finnischen Juden waren eine typische transnationale Bevölkerungsgruppe, deren Geschichte sich nicht nur auf Finnland begrenzen lässt, denn sie hatten starke verwandtschaftliche Beziehungen besonders nach Russland sowie bis zur Revolution einen engen Kontakt zur russischen Armee.

Im Jahr 1858 unter Zar Alexander II. gab es eine Verordnung, die es allen Soldaten, auch den jüdischen, gestattete, am Ort ihrer letzten Stationierung wohnen zu bleiben, wenn sie aus dem Militärdienst entlassen worden waren. Das war der Grund dafür, dass in Finnland überhaupt Juden lebten. Denn als Finnland zu Schweden gehörte, durften sich dort nach schwedischem Gesetz keine Juden niederlassen. Das galt auch noch lange unter russischer Herrschaft. Die ehemaligen jüdischen Soldaten wurden nicht automatisch finnische Untertanen. Sie blieben »Ausländer« und erhielten nur eine Aufenthaltserlaubnis mit strengen Auflagen. Es vergingen Jahrzehnte, bis sich das änderte. Das entsprechende Gesetz dazu trat erst am 4. Januar 1918 in Kraft. Auch meine 1910 in Helsinki geborene Mutter war die ersten Jahre ihres Lebens keine finnische Staatsbürgerin. Das wurde sie erst mit neun Jahren am 3. Januar 1920.

Die Behandlung der Juden, die es zur Zarenzeit nach Finnland verschlagen hatte, und ihr Bestreben, finnländische Untertanen Seiner kaiserlichen Majestät zu werden, sind gründlich erforscht worden. Eine Besonderheit betraf möglicherweise auch die Familie meiner Mutter. Das war das Recht lediger jüdischer Mädchen aus Soldatenfamilien, in Finnland zu bleiben, solange sie noch nicht volljährig waren. Da sie aber keine finnischen Untertanen waren, mussten sie nach Erreichen der Volljährigkeit, also mit 21 Jahren, im Prinzip in ihre »Heimatgemeinde« zurückkehren, wo sie möglicherweise noch nie gewesen waren. Als Heimatort galt der letzte Dienstort des Vaters irgendwo im russischen Kaiserreich. Deshalb war die Heirat mit einem jüdischen Soldaten, der eine Genehmigung zur Niederlassung erhalten hatte, der sicherste Weg, in Finnland bleiben zu dürfen. Dies war nach Auskunft von Polizeidokumenten auch der häufigste Grund für jüdische Ehen in Finnland, so Laura Ekholm.[5] Rony Smolar berichtet, dass viele jüdische Mädchen im heiratsfähigen Alter aus den baltischen Provinzen nach Finnland kamen, weil

Der demobilisierte Scharfschütze Meier Tokazier 1903 in Helsinki und der erfolgreiche Helsinkier Geschäftsmann um 1910

sie ebenfalls einen jüdischen Mann suchten, der die Erlaubnis erhalten hatte, sich in Finnland anzusiedeln.[6]

Ich erinnere mich, dass Großmutter Sara, Bobe, ihren Mann herabsetzend als »solttu«, Soldat, ansprach. Nach Auskunft des Bevölkerungsregisters war sie als Sara Lefkovitsh in Turku geboren, aber in Vaasa aufgewachsen, wo ihre Mutter eine Kantine für jüdische Soldaten betrieb. Dort hatte Sara sich die schwedische Sprache und Kultur angeeignet. Cousin Hillel, der Musiker, erinnert sich voller Bewunderung an Saras unerschöpflichen Schatz von schwedischen Kinderliedern und -reimen. Deshalb konnte sie ihrem Mann auch Schwedisch beibringen.

Das Leben mit Meier Tokazier war offenbar nicht immer einfach. Die beiden waren schon ihrer Herkunft nach sehr unterschiedlich. Der erste Schock für die junge Braut scheint das künstliche Gebiss des Bräutigams gewesen zu sein. Großvater Meier, der als Unternehmer in Helsinki erfolgreich war, kam aus Russland, aus dem Herzen des jüdischen Gebiets. Er war ein tief religiöser orthodoxer Jude und Zionist. Von meinen Cousinen weiß ich, er hatte in der Synagoge einen Stammplatz gehabt, wo seine Fußspuren immer noch zu sehen sind. Er wohnte nicht weit entfernt von der Synagoge Malminkatu, die er zu Fuß erreichen konnte, sodass er am Sabbat kein Fahrzeug zu benutzen brauchte. Der Scharfschütze Meier Tokazier hatte in der 7. Kompanie des 1. Finnländischen Scharfschützenregiments in den Uusimaa-Kasernen in Helsinki gedient und wurde im August 1903 in die Reserve versetzt.[7] Ob Sara ihn heiratete, um sich das Aufenthaltsrecht in Finnland zu sichern, ist eine Frage, auf die sich keine Antwort mehr finden lässt. Es ist jedoch nicht ausgeschlossen.

Die Juden in Finnland sind die einzige ostjüdische Gemeinschaft, die den Zweiten Weltkrieg unversehrt überstand. Über die anderen marschierten zwei Armeen hinweg. Die finnischen Juden wurden nicht angerührt, anders als ihre Verwandten im Baltikum, in Polen und in der Sowjetunion. Sie entgingen dem großen Morden, weil Finnland eine parlamentarische Demokratie blieb und die deutsche »Judenpolitik« trotz »Waffenbrüderschaft« mit dem Dritten Reich nicht auf Finnland übergriff. Das ist das Einzigartige an der Geschichte der Juden in Finnland, betrifft aber, wie Ekholm hervorhebt, nur die Zeit des Zweiten Weltkriegs.[8]

Nach dem vollständigen Verlust ihres alten Umfeldes durch die Heirat mit Bruno Nyberg musste meine Mutter sich an ihr neues Umfeld und an die finnische Gesellschaft anpassen. Meine jüngste Tochter Katariina fand in der Gründungssammlung des Finnischen Kulturfonds von 1938 die Unterschrift »Frau Fanny Nyberg« als Bestätigung für eine Spende von zehn Finnmark.[9] Die Namen der Eltern und Geschwister meiner Mutter tauchen auf den Listen nicht auf; dafür aber beteiligte sich der bereits erwähnte Cousin meiner späteren Frau, »Schüler Timo Holma«, an der Sammlung, ebenfalls mit zehn Finnmark. Im Bücherregal meiner Eltern stand ein in Leder gebundenes Exemplar mit Goldschnitt von Runebergs ›Fänrik Ståhls Sägner‹. Auf dem Titelblatt ist in der Handschrift meines Vaters vermerkt: »Bruno und Feigo Nyberg 11.1.1939«. Das ist auch mein Fähnrich, den ich im Lauf der Jahre wieder und wieder gelesen habe, weil dessen Sprache und Erzählungen mich ansprechen.

Nach dem Winterkrieg konvertierte meine Mutter zum evangelisch-lutherischen Glauben. Wie mein Vater es Mascha 1957 in Riga erzählte, war das ihr eigener Entschluss. Meine Mutter wurde am 28. Mai 1940 getauft. Die Rechtssache war zu der Zeit noch anhängig beim Hofgericht Turku, das erst im Juli 1940 seinen Beschluss fasste. Als der Fortsetzungskrieg ausbrach und mein Vater wieder an die Front ging, meldete sich meine Mutter auf eine Zeitungsannonce beim Rotekreuzkrankenhaus als Krankenwagenfahrerin. Sie besaß einen Führerschein und konnte auch den Packard ihres Vaters fahren. Die zierliche Frau wurde 1941 jedoch nicht als Krankenwagenfahrerin genommen; stattdessen erhielt sie beim Roten Kreuz eine Ausbildung zur Schwesternhelferin. In dieser Funktion diente sie während des

Fanny Nyberg in den 1960er-Jahren im Krankenhaus Töölö

ganzen Krieges in Helsinki und wurde mit der Freiheitsmedaille 2. Klasse mit dem Zeichen des Roten Kreuzes ausgezeichnet. Ihre Dienststelle war das Lazarett im Gymnasium in der Arkadiankatu, das auf die Behandlung von Soldaten mit Hirnverletzung spezialisiert war. Nach dem Krieg arbeitete sie als Arztsekretärin im Rotkreuzkrankenhaus.

Der größte Judenstaat der Welt

Die dritte Teilung Polens im Jahr 1795 machte Russland zum größten Judenstaat der Welt, der erst 1918 sein Ende fand. Die russische Kaiserin Katharina II., Franz II., letzter Kaiser des Heiligen Römischen Reiches Deutscher Nation, und Friedrich Wilhelm II., König von Preußen, teilten das Land unter sich auf, nachdem ein polnischer Aufstand niedergeschlagen worden war. Polen verschwand von der Landkarte. Nicht aber die Menschen, die dort lebten. Bis dahin hatten in Russland, abgesehen von bestimmten historischen Ansiedlungen, nur vereinzelt Juden gelebt. Alexander Solschenizyn zitiert in ›Zweihundert Jahre zusammen (1795–1995)‹ aus einem Brief Iwans des Schrecklichen an den polnischen König Sigismund August aus dem Jahr 1550: »Du unser Bruder, wenn du mir doch nichts mehr über die Juden schreiben möchtest.«[1] Nach dieser Eroberung waren es eine Million.

Bis zum Ersten Weltkrieg war die jüdische Bevölkerung auf fünf Millionen angewachsen; das waren vier Prozent der gesamten Einwohnerschaft des russischen Kaiserreichs und mehr als die Hälfte der Juden in der ganzen Welt. Die zweitgrößte Anzahl von Juden, rund zwei Millionen, lebte in Österreich-Ungarn. Ein Teil des Russischen Reiches, der dem Ostteil des heutigen Polens sowie Litauen, Weißrussland, dem westlichen Teil der Ukraine und Moldawien entsprach, war immer noch zum Wohngebiet der Juden (*Tschertá osédlosti*, *Pale of Settlement*) bestimmt, von wo die Juden aus wirtschaftlichen Gründen beharrlich in die »inneren Gouvernements« von Russland und vor allem in die russischen Städte überzusiedeln trachteten. Ausnahmen davon bildeten Livland, das 1721 von Schweden erobert worden war, die Stadt Riga sowie das in Verbindung mit der Teilung Polens von 1795 angegliederte Kurland, wo die registrierten Juden wohnen bleiben durften. Die Beschränkungen waren nicht rassischer Art und betrafen zum Beispiel nicht die zum Teil aus antiker Zeit stammende jüdische Besiedlung wie die Bergjuden Kaukasiens oder die aus Babylonien eingewanderten Buchara-Juden, die sich in Mittelasien niedergelassen hatten, wie auch nicht die Karäer von der Krim, eine jüdische Religionsgemeinschaft und ursprünglich eine Splittergruppe der Turkvölker.[2]

Die Vorschrift bezüglich des Wohngebiets, das heißt die eingeschränkte Bewegungsfreiheit, wurde erst im Rahmen der Februarrevolution von 1917 aufgehoben. Pjotr Stolypin, der letzte Reform-Ministerpräsident Russlands, empfahl dem Zaren bereits 1906 die Aufhebung der Beschränkungen, die für die Juden galten. Laut Nikolaus II. hinderte ihn eine »innere Stimme« daran, dem zuzustimmen.[3]

Die strengen Beschränkungen wurden mit der Zeit verwässert. Als die Front des Ersten Weltkriegs das Wohngebiet der Juden erreichte, wurden sie der Spionage beschuldigt. Die Folge war eine Vertreibung gewaltigen Ausmaßes, auch aus Kurland, in die innerrussischen Gouvernements. Laut Solschenizyn löste der Krieg die jüdische Besiedlung auf und öffnete den Juden praktisch die Hauptstädte Petrograd und Moskau.[4] Erst 1915 verzichteten die Behörden darauf, von denjenigen, die ihren Wohnsitz nun außerhalb des jüdischen Siedlungsgebiets genommen hatten, eine jährlich zu erneuernde Aufenthaltsgenehmigung, das heißt einen Inlandspass, zu verlangen.

Die Frontlinie des Kriegs durchschnitt das Gebiet von Livland bis nach Galizien und Rumänien. Auf diesem Gebiet lebten drei Viertel der jüdischen Weltbevölkerung. Das Bild, das die Juden von den deutschen Soldaten hatten, war positiv, und sie konnten auf Jiddisch mit ihnen kommunizieren. Ihrer Ansicht nach waren die Deutschen gebildeter als Russen oder Polen.[5] In den Augen der Polen waren die Juden in suspekter Weise deutschenfreundlich, also germanophil, die *Litvaken*, also die Juden in Litauen und Weißrussland, wiederum russophil.[6]

Der deutsche Historiker Gerd Koenen schildert in seiner gründlichen Untersuchung ›Der Russland-Komplex‹ die in Deutschland zu beobachtende, vom Osten ausgehende geistige und physische Faszination. Ausführlich erörtert er die Dostojewski-Begeisterung der Deutschen und die geopolitischen Träume während der ersten Jahrzehnte des 20. Jahrhunderts. Die *manifest destiny* Deutschlands lag im Osten.[7] Der erste bedeutende Staatenlenker, den der Begründer der zionistischen Bewegung[8] Theodor Herzl traf, war Kaiser Wilhelm II. Die Initiative kam von den Deutschen, das Treffen wurde im Jahr 1898 privat in Konstantinopel und auf derselben Reise auch öffentlich in Jerusalem organisiert.

Die damaligen Beobachtungen deutscher Zeitgenossen bei den Juden, die in den im Ersten Weltkrieg eroberten polnischen und ukrainischen Dörfern und Kleinstädten in »riesigen Gettos« eingesperrt waren, sind für heutige Leser jedoch überraschend. Eine Schlussfolgerung bestand nämlich darin, dass die Jiddisch[9] oder Judendeutsch sprechenden Juden »auch in ihrer frommen Armseligkeit« freiwillige Träger[10] der deutschen Kultur seien. So war es ja und hätte es sein können, aber als die deutschen Streitkräfte 20 Jahre später erneut in das Gebiet eindrangen, kamen zusammen mit dem Tross der Panzerkeile der Wehrmacht die SS-Einsatzgruppen.

Der Erste Weltkrieg weckte in Russland patriotische Begeisterung, und man wollte die Führungspositionen im Land von »Nicht-Indigenen« säubern. Das betraf besonders die Deutschen, die traditionell zur wirtschaftlichen Elite des Kaiserreichs gehört hatten. Vor der Revolution war ein Achtel der höchsten Ämter Russlands mit Baltendeutschen besetzt.[11] Der russischstämmige amerikanische Historiker Yuri Slezkine schreibt in seinem Buch über das jüdische Jahrhundert (›The Jewish Century‹), dass die Deutschen im russischen Kaiserreich eine ähnliche Rolle spielten wie die Juden in Deutschland, allerdings eine um viele Male wichtigere, sichtbarere und länger anhaltende. Nun waren die assimilierten und gebildeten Juden dabei, »als moderne Musterbürger« im russischen Kaiserreich an die Seite der Deutschen aufzusteigen. Allerdings erzeugte der Aufstieg der »fremdstämmigen« Juden (*inoródzy*) in der Elite Antisemitismus. Die Dynamik der russischen Wirtschaft bot jedoch auch den Armeniern sowie den für ihren Fleiß und ihre Disziplin bekannten und früher diskriminierten altgläubigen orthodoxen Christen die Chance eines sozialen Aufstiegs.

Nach Ansicht von Slezkine erinnerte die Entwicklung in Russland an Mitteleuropa. Im Verlauf des 19. Jahrhunderts waren die Juden vom Rand ins Zentrum Europas gelangt, und sie waren bedeutende Förderer der deutschen Kultur in Mittel- und Osteuropa. In Österreich-Ungarn entwickelten sich die Juden zu einem »übernationalen« Volk, einer Art von neuer Aristokratie, dem sichtbarsten modernen und säkularen Teil der Bevölkerung. Das erzeugte Abwehrreaktionen und politischen Antisemitismus.[12] Zwischen der Wurzellosigkeit der Juden und ihrem Streben nach Wohlstand wurden Parallelen gezogen. Hannah Arendt fand, die Juden seien die einzigen »Paneuropäer«.

Sowohl in Russland als auch in Mitteleuropa waren die Juden, mit Slezkines Worten, zum »nationalen Glauben« konvertiert. Die Kinder der russischen Intelligenzija waren, wie der bekannte Zionist Wladimir Jabotinski es ausdrückte, »wahnsinnig hoffnungslos« in die russische Kultur verliebt und damit in die ganze russische Welt. Die assimilierten Juden waren laut Jabotinski »die einzigen Träger und Propagandisten der russischen Kultur in Odessa«. In dieser Stadt galt es damals als grauenhaft rückständig, seinen Kindern einen traditionellen jüdischen Vornamen zu geben.[13] Slezkine schreibt, sich zum »Puschkin-Glauben« zu bekehren, bedeutete, sein Elternhaus zu verlassen. Für den Dichter Ossip Mandelstam bildeten die reinen und klaren Laute des Russischen den Gegensatz zum Chaos von Großmutters »jüdischer Wirtschaft«[14]. Sein aus Kurland stammender Großvater hatte sich als Autodidakt »den Weg aus dem Dickicht des Talmud in die germanische Welt gebahnt«[15]. Laut Solschenizyn hatten die Juden als Erste die Bedeutung der Bildung für alle, nicht nur für die Elite, erkannt.

Die Aneignung des nationalen Kanons stand für die Assimilierung in Österreich-Ungarn und natürlich auch in Deutschland. Dessen jüdische Bevölkerung hatte sich schon früher assimiliert, war jedoch zahlenmäßig erheblich geringer und machte auch zu ihren besten Zeiten nur etwa ein Prozent der Gesamtbevölkerung im Deutschen Reich aus. Andererseits betrug der Anteil der Juden an der Stadtbevölkerung in Berlin, Wien und Budapest im Jahr 1890 zehn Prozent. 1939 bildeten die Juden im Deutschen Reich nur noch ein viertel Prozent der Bevölkerung.[16]

Eine in den 1770er-Jahren in Deutschland entstandene rationalistische Bewegung wandte die Ideen der Aufklärung auf das jüdische Leben an mit dem Ziel, die Assimilation und dadurch die Gleichberechtigung zu erreichen. Der bedeutendste Entwickler dieser Bewegung, die unter dem Namen *haskala* (Aufklärung) bekannt wurde, war der Philosoph Moses Mendelssohn. Aus dieser Bewegung entstand mit der Zeit das reformierte Judentum, nach Ansicht von Michael Wolffsohn das wichtigste Erbe der deutschen Juden. Dessen Schwerpunkt verlagerte sich nach dem Zweiten Weltkrieg in die Vereinigten Staaten von Amerika.[17]

Paul Johnson hebt in seiner Gesamtdarstellung der Geschichte der Juden besonders das spezielle intellektuelle Verhältnis von Juden und Deutschen hervor. Seiner Ansicht nach war es für viele Deutsche schwierig zu akzeptieren, dass der nach Goethe bedeutendste deutsche Dichter, der von Juden abstammende Heinrich Heine, ein »so vollkommen deutsches Ohr« (*such a perfect German ear*) gehabt habe.[18] Laut Heines berühmter Feststellung war die Taufe die Eintrittskarte (*Entrébillet*) zur europäischen Kultur. Allerdings ließ Heine sich in Paris nieder, denn in Deutschland wurde er wegen seiner jüdischen Herkunft nicht als gleichberechtigt anerkannt. Auch der Chemiker und Nobelpreisträger[19] Fritz Haber konvertierte 1893 zum lutherischen Glauben, was ihn jedoch nicht vor der Verfolgung durch Hitler bewahrte. Nachdem die Wahrheit ans Licht gekommen war, schrieb Haber an Albert Einstein: »Ich war noch nie in meinem Leben so jüdisch wie jetzt.«[20]

Die Außenseiterstaaten des Versailler Vertrags, Deutschland und die Sowjetunion, unterzeichneten 1922 den Vertrag von Rapallo. Unmittelbar danach wurde der deutsche Außenminister Walther Rathenau ermordet. Für Rathenau waren die Juden »ein deutscher Stamm wie Sachsen oder Bayern«, und die Taufe und der Zionismus bedeuteten Feigheit.[21]

In Russland war die Taufe, die Bekehrung zum Christentum, ein Weg, um in der russischen Gesellschaft aufzugehen. Insbesondere eröffnete sie die Möglichkeit einer Beamtenlaufbahn.[22] Laut Solschenizyn war es am leichtesten, zum evangelisch-lutherischen Glauben überzutreten.[23] In Jabotinskis Roman ›Die Fünf‹, der in Odessa spielt, erzählt einer der Protagonisten, er habe zunächst an die armenische Kirche gedacht, was ihm dann jedoch als zu exotisch erschienen war. Er sei schließlich zu derselben Entscheidung gekommen »wie alle anderen«. Er schrieb an Pfarrer Pihko in Wiborg.[24] Laura Ekholm weist auf das Phänomen *Finnish babtism*, also die Taufe in Finnland, hin. Als Beispiel nennt sie den Dichter Ossip Mandelstam. Er trat der Methodistenkirche in Finnland bei, um so das geringe Kontingent, also den Numerus clausus, zu umgehen, den die Universität von St. Petersburg für Juden verfügt hatte.[25] Die lutherische Konfession dürfte für die Juden in Russland die natürlichste Lösung gewesen sein, denn sie war auch die Religion der Russlanddeutschen. Vielleicht sprach zudem die Schlichtheit des Luthertums, verglichen mit der Prachtentfaltung der russisch-orthodoxen Kirche, die Juden mehr an.

Die Leibeigenschaft in Russland betraf traditionell nur die »rechtgläubigen« Bauern, deren Rechte und Bewegungsfreiheit genau eingegrenzt waren. Aber auch das Wohnrecht und die Berufsausübung der Juden waren eingeschränkt und stärker reguliert als bei den anderen Nationalitäten. Wie Slezkine schreibt, waren die Juden von allen Minderheiten in Russland die am wenigsten gleichberechtigte, wenn man einmal von der unmittelbaren Leibeigenschaft absieht.

Weitreichende Sonderrechte genossen im russischen Imperium die Finnen. Sie waren zweifellos diejenige Minderheit, die am besten behandelt wurde. Sie hatten am meisten Spielraum. Als die russischen Behörden die Veranstaltung des III. Kongresses der Zionisten Russlands verboten, versammelten diese sich 1906 in Helsinki im Primula-Haus.[26]

Die Frage nach dem Recht der gut 1000 Juden in Finnland hatte schon den finnischen Ständetag beschäftigt. Sie wurde auch bis zur Unabhängigkeit Finnlands nicht gelöst. Wie bereits erwähnt, erhielt meine 1910 in Helsinki geborene Mutter erst 1920 die finnische Staatsangehörigkeit.

Ein Gesuch des finnischen Landtags im Jahr 1909 an den russischen Kaiser, den Juden die Bürgerrechte zu gewähren, blieb ohne Erfolg. Die Situation in Finnland wurde mit der in Rumänien verglichen, dem letzten Land in Europa, das den Juden keine Bürgerrechte gewährt hatte. Die Frage hing zusammen mit dem Kampf um die Autonomie Finnlands während der sogenannten Frostjahre, der ersten Unterdrückungsphase Finnlands durch Russland in den Jahren 1899–1905. Deshalb widersetzten sich auch die Juden in Finnland dem Versuch, den finnischen Juden durch die russische Duma die Bürgerrechte garantieren zu lassen. Sie verstanden das als einen Versuch, die Autonomie Finnlands auszuhöhlen.[27]

Die Juden waren im russischen Kaiserreich quantitativ die größte Gruppe ohne eine nationale Heimat. Sie waren am Ende des 19. Jahrhunderts unter den Nationalitäten Russlands auch die am meisten urbanisierte Gruppe. 1897 wohnten 49 Prozent der Juden in Städten, aber nur 23 Prozent der Deutschen und der Armenier. Zudem waren sie die am schnellsten wachsende nationale und religiöse Gruppe. Die Modernisierung Russlands im 19. Jahrhundert hatte sich auf die Juden stärker ausgewirkt als auf andere Völker im Russischen Reich, denn es ging um ihre Existenz.

Die Abschaffung der Leibeigenschaft 1861 hatte die Juden um ihre Rolle als Makler landwirtschaftlicher Erzeugnisse gebracht und zwang sie, sich in Bewegung zu setzen.[28] Im Jahr 1882 lebte nur ein Drittel der jüdischen Bevölkerung immer noch in seinem ursprünglichen Wohngebiet im Westteil des Reiches, ein Drittel in Kleinstädten (Schtetl) und der Rest in Städten. Von denjenigen Juden, die in russische Städte gezogen waren, wohnten fünf Prozent in Großstädten.

Die in hoffnungslosem Elend lebenden Juden wurden *Luftmenschen* genannt, also Menschen, die von Luft leben und die morgens nicht wissen, was sie abends essen werden. Ihren berühmtesten künstlerischen Ausdruck fand diese Bezeichnung in Marc Chagalls über den Dächern von Witebsk schwebendem *Luftmensch*, der auf dem Rücken einen Rucksack und in der Hand einen Stock hat.[29] Isaak Babel beschreibt diese »Luftmenschen« so: »In Odessa lungern ›Luftmenschen‹ um die Cafés herum, um einen Rubel zu verdienen und ihrer Familie etwas zu essen zu verschaffen, aber es gibt keine Chance, etwas zu verdienen. Womit könnte denn ein nutzloser Mensch – ein ›Luftmensch‹ – irgendetwas verdienen?«[30]

Slczkine spricht von den drei »messianischen« Wallfahrten der russischen Juden: nach Amerika, nach Palästina und in die

Städte Russlands bzw. der Sowjetunion. Diese Wallfahrten fanden zu verschiedenen Zeiten statt oder parallel zueinander oder in entgegengesetzter Reihenfolge. Die Verschmelzung der jüdischen und der russischen Revolution war eine heftige Synthese. Schon vor dem Ersten Weltkrieg und der russischen Revolution hatten die Juden ihren Weg in die Städte Russlands und zur Bildung gefunden. St. Petersburg, Moskau und Riga waren die wichtigsten Schulstädte des Reichs. Zur Jahrhundertwende waren 35 Prozent der Kaufleute in Russland Juden. Sie waren die Pioniere des Handels mit Getreide und Holz. Die umfängliche Auswanderung nach Amerika nahm in den Jahren 1881–1882 und ganz besonders nach den Judenverfolgungen, den Pogromen, im Jahr 1905 noch einmal stark zu. Solschenizyn betont, dass die Pogrome sich auf »Südwest-Russland«, also auf die Ukraine und Bessarabien (Moldau) konzentrierten.[31]

Das Betreiben von Schenken und der Verkauf von Schnaps an die Bauern war eines der Hauptgewerbe im jüdischen Wohngebiet und einer der konkreten Gründe für den Antisemitismus besonders in der Ukraine.[32] Das 1896 per Gesetz eingeführte Staatsmonopol für den Verkauf von Alkohol war ein erneuter Schlag gegen die vitalen Interessen der jüdischen Bevölkerung und steigerte die Auswanderung zu einer Massenbewegung, was auch die Absicht der russischen Regierung gewesen war. Nur sieben Prozent der russischen Juden, die nach Amerika ausgewandert waren, kamen wieder zurück. Bei anderen Auswanderergruppen waren es bis zu 42 Prozent.

Theodor Herzl, der Begründer der zionistischen Bewegung, wandte sich an viele Staatenlenker, um sie für seine Pläne zu gewinnen, zumeist jedoch mit magerem Ergebnis. Am erfolgreichsten war ein Gespräch mit dem russischen Innenminister Wjatscheslaw von Plehwe.[33] Der darauffolgende intensive Briefwechsel ist erhalten. Den Impuls für die Kontaktaufnahme gab der Pogrom von Kischinjow/Kischinau 1903 in Bessarabien, der heutigen Republik Moldau. Die Schuld an dem Pogrom wurde bei der russischen Regierung und bei dem für seine harte Hand bekannten Plehwe gesehen. Aus diesem Anlass wurde Russland zum ersten Mal mit einem internationalen wirtschaftlichen Boykott bedroht. Die jüdischen Bankiers forderten wegen der Pogrome eine Kreditsperre. Vor diesem Hintergrund führte Herzl in St. Petersburg außer mit dem Innenminister auch Gespräche mit dem Finanzminister Sergej Witte, der Lutheraner und mit einer Jüdin verheiratet war.[34]

In einem Brief an Plehwe betont Herzl, dass die jungen Juden in Russland sich radikalisieren würden und dass deshalb eine Auswanderung großen Ausmaßes die einzige Lösung sei. Den Kern von Herzls Zionismus bildet die Schlussfolgerung, dass das Judentum weder eine soziale noch eine religiöse, sondern eine »nationale« Frage sei. Deshalb bestehe die Lösung in der Auswanderung, praktisch also der *alija*, dem Auszug in »das Land Israels« Palästina. Mit dieser Betrachtungsweise, die keineswegs von allen russischen Juden gebilligt wurde, sprach Herzl dieselbe Sprache wie die Zarenmacht, die die Juden loswerden wollte. Deshalb gingen die Bestrebungen der russischen Regierung und die der Zionisten in dieselbe Richtung. Beide wollten die Auswanderung voranbringen. In einem Brief an Herzl stellt Plehwe fest, dass, wenn das Ziel des Zionismus sei, in Palästina einen selbstständigen Staat zu schaffen und die Auswanderung der Juden aus Russland zu fördern, die russische Regierung der Sache positiv gegenüberstehe und dass die zionistische Bewegung auf die moralische und materielle Unterstützung der Regierung vertrauen könne.

Sergej Witte, der Finanzminister, erzählte Herzl ganz unverblümt, dass er zu Alexander III. gesagt habe: Wir können nicht sechs oder sieben Millionen Juden im Schwarzen Meer ertränken, also müssen wir sie leben lassen. Außerdem war es ihm wichtig zu betonen, dass, auch wenn es unter der Gesamtbevölkerung Russlands von 136 Millionen nur sieben Millionen

Juden gebe, doch die Hälfte der Mitglieder der revolutionären Organisationen Juden seien.[35]

Herzl schaffte es, Plehwe zu einer Abmilderung der Umzugsbeschränkungen für Juden im Inland zu bewegen. Seine Bitte war konkret und betraf Riga und Kurland. Das zu bewilligen fiel dem russischen Innenminister nicht schwer. Er hatte nichts gegen den Umzug von Juden in Gebiete, wo »sie die lokale Bevölkerung wirtschaftlich nicht verdrängen«. Die Bevölkerung von Kurland und Riga war lettisch und deutsch. Man schrieb das Jahr 1903, in dem auch der Onkel meiner Mutter Abram Tukatsier die Erlaubnis erhielt, sich in Riga niederzulassen. Allerdings musste er bis 1915 jedes Jahr seine Aufenthaltsgenehmigung, also seinen Pass, verlängern lassen. Meier Tokazier, Abram Tukatsiers älterer Bruder und der Vater meiner Mutter, wurde 1903 ja in Helsinki aus dem Militärdienst entlassen und erhielt so automatisch das Recht, sich in Helsinki anzusiedeln.

Auch der Militärdienst führte Juden aus ihrem vorgeschriebenen Siedlungsgebiet hinaus. Der Militärdienst war unbeliebt. Laut Solschenizyn trat nur ein Drittel der Juden ihn an. Von den sechs Tukatsier-Brüdern waren es nur zwei: der Vater meiner Mutter, Meier, und sein nach Amerika ausgewanderter Bruder Ehiel. Es wurde in Russland lange darüber diskutiert, ob die Wehrpflicht für Juden abgeschafft und/oder durch eine Geldleistung ersetzt werden sollte. Die Wehrpflicht war jedoch der wichtigste Grund dafür, dass sich in Finnland eine jüdische Bevölkerung ansiedelte, seit die Verordnung von Alexander II. es erlaubte, dass ein aus dem Militärdienst entlassener Soldat sich in seiner Garnisonsstadt niederließ.

Nach Ansicht von Karl Marx war der Kapitalismus nacktes Judentum, und deshalb sei die Befreiung der Welt vom Judentum nur möglich durch die Vernichtung des Kapitalismus. Slezkine wiederum schrieb, die Juden seien die einzigen wahren Marxisten, denn für sie sei die Nationalität ein schöner Traum, und sie hätten so wie »Marx' Proletarier« kein Vaterland, anders als die »richtigen Proletarier«. Aber Kapitalismus ohne Nationalismus sei kalter Kapitalismus. Wie wir wissen, haben weder Christus noch Marx es geschafft, die Geldwechsler aus dem Tempel zu vertreiben.[36]

Slezkine vergleicht Marx' »Vatermord« mit Hitler, der den Kapitalismus durch die Vernichtung der Juden zähmen wollte. Deutschland habe gegen den Modernismus gekämpft, indem es die Juden zum Sündenbock machte und den brutalsten und am besten organisierten Pogrom veranstaltete. Die in Stalins Sowjetunion an die Macht gelangten Intellektuellen wiederum, von denen viele Juden waren, hätten ihrerseits in dem am besten organisierten Angriff der Welt gegen die Reaktion und besonders gegen die »dickschädeligen« Bauern gekämpft.[37]

Nach Ansicht von Max Weber praktizierten die Juden einen »Puritanismus ohne Schweinefleisch«, und die Protestanten erfanden eine »humorlose und würdevolle Art und Weise, Juden zu werden«.[38]

Die Februarrevolution fegte die Beschränkungen hinweg und setzte eine gewaltige Menge Energie frei. Laut Solschenizyn war für die Juden, die weder nach Amerika auswandern und Amerikaner werden noch nach Palästina auswandern und Juden bleiben wollten, die einzige Alternative, Bolschewiki zu werden. Die Balfour-Deklaration vom November 1917, die den Juden ein Heimatland verhieß, war eine Entscheidung der Zionisten, die auf eine ferne Zukunft abzielte, aber die Oktoberrevolution bot eine Sofortlösung, den Bolschewismus.[39]

Drei Paradiese und eine Hölle

Die Februarrevolution war eindeutig russisch, aber die Juden bekamen von ihr all das, was sie von der zaristischen Regierung erfolglos gefordert hatten. Solschenizyn beschreibt die Unterstützung für die Revolution, indem er als Beispiel die Namen derjenigen auflistet, die die sogenannte Freiheitsanleiheobligation der provisorischen Regierung im Sommer 1917 gezeichnet hatten. Die Liste weist eine beachtliche Anzahl von Juden sowie von russifizierten Deutschen auf, jedoch überhaupt keine Vertreter des russischen Großbürgertums.

Der Kommissar im Ledermantel ist eine starke Vorstellung. Laut Slezkine waren die jüdischen Kommissare perfekte Helden, denn sie hatten es vermocht, sich vollständig von ihrer Vergangenheit zu lösen. Leo Trotzki war das Symbol für den totalen Wandel. Er war Russe und Jude, ein furchtloser Kämpfer und Brillenträger.[1] »Ein Jude, der aufs Pferd steigt, hört auf, ein Jude zu sein, aus ihm wird ein Russe.« Diese Replik stammt aus Isaak Babels Drama ›Sonnenuntergang‹[2], das er 1926 schrieb. Dessen Ereignisse spielen im Jahr 1913, doch das Zitat spiegelt eher Babels Erfahrungen, die er in seinem ebenfalls 1926 erschienenen Erzählungsband ›Die Reiterarmee‹ schildert.[3]

Die Juden waren anfangs unter den Menschewiki, den Linkssozialisten und den Anarchisten relativ stärker vertreten als unter den Bolschewiki. Von den im Jahr 1905 verhafteten Revolutionären waren 37 Prozent Juden.[4] Die Bolschewiki brauchten loyale gebildete Beamte, und als solche erwiesen sich die Juden, die massenhaft rekrutiert wurden. Solschenizyn spricht von »konstruktiver Genialität« der Juden, die ihrer Unzufriedenheit entspringe. Mit ihrer Hilfe wehrte das von der Revolution genesende Sowjetrussland den Sabotageversuch der alten Beamtenmaschinerie ab. Mit Lenins Worten: »Die Juden sabotierten die Saboteure.«[5]

»Der große Umzug« in die Städte nach der Revolution war massiv. Millionen von Juden zogen aus den Dörfern des alten Wohngebiets in die Städte und jeder Fünfte davon nach Moskau. Solschenizyn zitiert einen Witz aus dieser Zeit über einen alten Juden, der aus Berdytschiw[6] in der Ukraine nach Moskau zieht, denn auch er will in einer jüdischen Stadt sterben. Die Pointe des Witzes besteht im Vergleich von Berdytschiw mit Moskau. Berdytschiw war laut Wassili Grossman die jüdischste Stadt der Ukraine. Für die Antisemiten von der präfaschistischen Schwarzen Sotnja[7], den sogenannten Schwarzhundertern, war Berdytschiw »die Hauptstadt der Juden«.

Der Kommunismus wurde zur wahren Religion der jungen Juden, der nach dem Zweiten Weltkrieg vom Zionismus ersetzt wurde. In der Sowjetunion erlebte die Autorität der Juden in den 1930er-Jahren ihren Höhepunkt. Laut Volkszählung von 1939 waren 40 Prozent der erwachsenen arbeitenden jüdischen Bevölkerung Angestellte, und von allen Ärzten waren 27 und von den Ingenieuren 14 Prozent Juden.[8] Wie Slezkine schreibt, war die Geheimpolizei NKWD eines der allerjüdischsten sowjetischen Organe. Der relative Anteil der Juden an der Elite war von allen ethnischen Gruppen der größte. Laut Solschenizyn war die weite Verbreitung ausländischer Namen in der Führung des Landes historisch gesehen nicht neu. Mehr als zweihundert Jahre lang hatten zur Elite des kaiserlichen Russlands Familien mit deutschen und baltischen Namen gehört.[9] Die Rolle der Juden in der Sowjetunion der Vorkriegszeit erinnerte an die Stellung der Deutschen im russischen Kaiserreich.

Solschenizyns Einstellung sowohl zu den Bolschewiki als

auch zu den Juden ist geprägt vom Schicksal der Bauern. Er kommt wiederholt auf das Thema zurück, denn für ihn war das Schicksal der Juden nicht die wichtigste Frage in Russland, nicht einmal nach dem Holocaust. Der britische Historiker Orlando Figes bezeichnet die Zwangskollektivierung als die wahre Revolution in Russland, die das Leben der Bauern völlig umkrempelte. Sie war eine Katastrophe, von der sich die Sowjetunion niemals erholt hat.[10]

Solschenizyn hält mit seiner Antipathie gegenüber Lenin nicht hinter dem Berg. Er nennt ihn einen Mestizen[11] und beschuldigt die Bolschewiki, das russische Volk vernichtet zu haben. Die 1920er-Jahre seien günstig für die Juden, aber tragisch für das russische Volk gewesen. Die Juden hätten dem Moloch der Bolschewiki gedient.[12] Die Zwangskollektivierung habe das Bild von den Juden als den Feinden der Bauern geschaffen.[13] In der Ukraine wollte man die Kollektivierung als Rache für die *Chmelnyschtschina*, das heißt für die großen Pogrome des Kosakenführers Bohdan Chmelnyzkyj, in der Mitte des 17. Jahrhunderts sehen.[14] In der Sowjetunion der 1930er-Jahre waren Russen und Juden die einzigen »nicht ethnischen« Völker. Die Juden waren am allersowjetischsten. Sie bildeten eine eigene Kaste.[15]

Um die in die Kolchosen gezwungenen Bauern zu kontrollieren, führte die Sowjetunion 1932 das System der Inlandspässe ein, in denen unter Punkt 5 die Nationalität vermerkt war. Doch der Kolchosbauer bekam nicht einmal einen eigenen Inlandspass, denn er war an die Scholle gebunden wie ein Leibeigener. Das war auch ein Mittel, den Umzug in die Städte einzudämmen. Erst Chruschtschow gewährte den Kolchosbauern 1963 einen Inlandspass. Punkt 5 des Inlandspasses wurde für die Juden mit der Zeit eine ebensolche Schlüsselfrage wie das »Proletarierformular«, mit dem in den 1920er-Jahren die Aristokraten, die Geistlichen, die Intelligenz und das Bürgertum diskriminiert wurden.[16]

Der Punkt 5, also die Nationalität, stellte einen neuen Faktor dar. Bis etwa zur zweiten Hälfte der 1930er-Jahre machte es keinen Unterschied, ob man Jude oder Russe war. Solschenizyn zitiert den Menschenrechtsaktivisten Lew Kopelew, der der Ansicht war, dass es vor dem Krieg in der Sowjetunion keine »Judenfrage« gegeben habe. Die Atmosphäre der 1930er-Jahre sei »absolut frei von Judenfeindlichkeit« gewesen.[17] Später bedeutete der Vermerk »Jude« das Bekenntnis der Abstammung sowie ein Stigma, ironisch gesagt, die »Invalidität fünften Grades«. Noch Lenin hatte die Nationalität als ein reaktionäres Relikt betrachtet. Für Stalin waren die Juden ein »Papiervolk«, das sich unweigerlich assimilieren würde.[18] Die Antwort des jüdischstämmigen Ilja Ehrenburg auf Golda Meir, die erste Botschafterin Israels, die 1948 Moskau durcheinanderwirbelte, wurde in der ›Prawda‹ veröffentlicht – die Juden seien kein Volk, denn sie seien dazu »verurteilt (*obrečeny*), sich zu assimilieren«.[19] Stalins Tochter Swetlana Allilujewa sagt von ihrem Vater im gleichen Geist, er sei »früher ein Georgier« gewesen.[20]

Der als Philosemit bekannte Maxim Gorki war vor der Revolution der Auffassung, nirgendwo sonst würden die Juden so dringend gebraucht wie in Russland, um gegen die Oblomowerei, so benannt nach der lethargischen Hauptfigur eines Romans von Iwan Gontscharow, anzukämpfen. Als aber der »Judas« Nikolai Bucharin 1938 während seines Schauprozesses die Russen der Oblomowerei bezichtigte, wurde das als Diffamierung »des großen russischen Volkes« gedeutet. Der Wind hatte sich gedreht.[21]

Schon Sergej Witte, der erste reformorientierte Ministerpräsident des kaiserlichen Russlands, riet den Juden, sich nicht in die Politik einzumischen – überlasst das den Russen.[22] Auch Trotzki war sich darüber im Klaren, dass Russland nicht reif war für einen jüdischen Staatschef.[23]

Unter den Opfern des Großen Terrors des Jahres 1937 waren natürlich auch Juden. Statistisch waren sie unterrepräsentiert, denn als ethnische Gruppe waren sie nicht Objekte der Säuberungen wie Polen, Finnen und besonders die Letten.[24] Mit dem geistigen Umbruch des Großen Terrors, der »zweiten Revolution der Bolschewiki«, veränderte sich das Land. Damit erneuerte und rekrutierte sich auch die Elite aus den nach der Revolution Aufgewachsenen und Gebildeten, der sogenannten Breschnew-Generation, die nie außerhalb der Sowjetunion gelebt hatte und nicht einmal ins Ausland gereist war. Der finnische Historiker Timo Vihavainen vertritt die Auffassung, dass »die gewaltige Umwälzung, die mit dem Übergang zum Sozialismus« in Russland stattfand, in Finnland nur wenig Beachtung gefunden habe. Sogar »die naiven Linkssozialisten« glaubten an einen in der Sowjetunion immer noch herrschenden kulturellen Pluralismus.[25] Dasselbe hat Snyder beobachtet, der meint, dass die Säuberungsaktionen gegen die Kulaken in Europa nicht wahrgenommen worden seien.[26]

Karl Schlögel, der deutsche Historiker und ausgezeichnete Kenner Russlands, ist der Auffassung, dass es dem Schriftsteller Michail Bulgakow gelungen sei, mit Mitteln, die der historischen Wissenschaft nicht zur Verfügung stehen, den Großen Terror zu beschreiben. »Der chaotische Zerfall alles Festen« sei bei Bulgakow »Realphantastik«. Gemeint ist Bulgakows Meisterwerk ›Der Meister und Margarita‹, in dem das Magische der Gegenpol des Realen und die Bühne Moskau zur Zeit des Großen Terrors seien.

Im Moskau, wie Schlögel es beschreibt, wandelten sich die immer noch gebräuchlichen Rituale und Routinen. Auch die Stadtpläne und Telefonbücher Moskaus verschwanden und kehrten erst in den 1990er-Jahren, für jedermann zugänglich, wieder zurück. Großen Helden wurde nach dem Vorbild der New Yorker *ticker tape parade,* der Konfettiparade, auf dem Weg vom Flughafen oder vom Bahnhof zum Roten Platz ein begeisterter Empfang bereitet. Auch die Begräbniszeremonie etablierte sich in einer Form, die der bei der Bestattung von

Lenin und Kirow praktizierten folgte und bei der die Führung und das Volk sich im Säulensaal des Gewerkschaftshauses von dem im offenen Sarg aufgebahrten Genossen verabschieden.[27] Die neue proletarische Elite des Stalinismus bestand größtenteils aus Russen, und für sie war die Sowjetunion der Nachfolgestaat des russischen Kaiserreichs. Infolge von Nazismus und Krieg fühlten sich die Juden wieder als Juden. Das von Ilja Ehrenburg und Wassili Grossman herausgegebene ›Schwarzbuch‹ über das Schicksal der Juden während des Krieges wurde 1947 verboten und erst in den Jahren der Perestroika veröffentlicht.[28] Der offizielle Antisemitismus der Sowjetunion wurde heftiger und erreichte seinen Höhepunkt mit der sogenannten Ärzteverschwörung in den Jahren 1952–1953. Sie wurde von Stalin erfunden als Komplott von Medizinern jüdischer Herkunft gegen die sowjetische Regierung.

Der Wechsel des sowjetischen Außenministers im Frühjahr 1939 war ein wichtiges Signal. Der von Goebbels als »Finkelstein« verunglimpfte Maxim Litwinow[29], der jüdischer Herkunft war, trat ab, und an seiner Stelle wurde Wjatscheslaw Molotow Außenminister. Der war allerdings mit einer bekannten Jüdin, der Volkskommissarin für das Fischereiwesen der Sowjetunion, Polina Schemtschuschina, verheiratet. Später fiel sie bei Stalin in Ungnade und kam ins Straflager.

Slezkines Zusammenfassung des jüdischen Narrativs des 20. Jahrhunderts ist eine Erzählung von drei Paradiesen und einer Hölle: Amerika, Palästina und die Sowjetunion sowie von Hitler-Deutschland.

Lettland in der Zange zwischen Russland und Deutschland

Mein Großvater sowie seine fünf Brüder und eine Schwester zogen weg aus ihrer Heimatstadt Orscha im Gouvernement Witebsk auf dem Gebiet des heutigen Weißrussland. Seit der ersten Teilung Polens 1772 hatte das Gebiet zum russischen Kaiserreich gehört. Orscha liegt am Dnjepr, eine Hafenstadt und schon damals ein wichtiger Eisenbahnknotenpunkt. Es gehörte zum Siedlungsgebiet der Juden, aber es war eine entwickelte Gegend. Der 1887 geborene Marc Chagall (Moische Segal) stammte aus der Nachbarstadt Witebsk, vom Ufer der Düna.

Das Gebiet lag nahe den Wasserscheiden der drei großen Flüsse Dnjepr, Wolga und Düna. Alle drei entspringen auf den Waldai-Höhen. Die Waräger, die über die Düna oder alternativ über Neva, Ladoga-See und Wolchow zum Ilmensee gesegelt waren, entschieden in diesem Gebiet, über welche Landenge sie ihre Schiffe schleppen wollten. Der östliche Weg der Wikinger ist in der wichtigsten Quelle der frühen russischen Geschichte, der Nestor-Chronik, beschrieben. Über den Dnjepr gelangten sie ins Schwarze Meer und von dort nach Konstantinopel, also zu den »Griechen«, und über die Wolga ins Kaspische Meer, in die persische Welt und in den Machtbereich des Kalifats von Bagdad.

Zwei der Tukatsier-Brüder sowie die Schwester fanden den Weg nach St. Petersburg, zwei nach Riga, einer nach Helsinki

Merchen, Mascha, Feiga und Hasja im Jahr 1928

und einer nach New York. Zalman und Hanna Tukatsier, die Eltern der Geschwister, zogen wegen der Revolution 1923 zu ihrem ältesten Sohn Berl nach Riga. So seltsam es klingen mag, von der Schwester fanden sich keine weiteren Angaben, als dass sie sich in St. Petersburg niedergelassen haben soll. Die Schicksale der Brüder dagegen sind bekannt. Die Russische Revolution unterbrach die Verbindung von Helsinki nach Petrograd und der Zweite Weltkrieg die nach Riga, aber der Zweite Weltkrieg öffnete die Verbindung zwischen Leningrad und Riga.

Der Kontakt zwischen den in Helsinki und Riga lebenden Brüdern blieb bis zum Zweiten Weltkrieg bestehen. Auf einem Foto vom August 1932 genießen die beiden Ehepaare mittleren Alters, aus denen wohlhabende Kaufleute geworden waren, am Rigaer Strand Jurmala den Sommer.

Mascha und Feigo 1937 mit Maschas Cousin in Riga

Abram Zalmanowitsch Tukatsier war Jahrgang 1885 und fünf Jahre jünger als Meier Tokazier, mein Großvater. In seiner Aufenthaltsgenehmigung, die er im Jahr 1903 in Riga bekommen hatte, war *Orschanski meschtschanin*, Kleinbürger aus Orscha, vermerkt. Anders als sein Bruder war er vom Wehrdienst befreit gewesen. Er war Mitglied 1. Klasse der Kaufmannsgilde, was ihm gemäß dem Reglement für die Juden den Wegzug aus dem jüdischen Siedlungsgebiet erlaubte. Nicht mehr klären lässt sich die Frage, ob der Umzug nach Riga mit dem Versprechen zusammenhing, das Innenminister Plehwe im August 1903 Theodor Herzl gegeben hatte, nämlich den Umzug von Juden nach Riga zu erleichtern.[1] Riga an der Dünamündung gehörte zu den großen Städten des Kaiserreichs und zu den Zentren des Getreide- und des Holzhandels. So war die Stadt ein natürliches Ziel für einen aufstrebenden Kaufmann.

Abram Tukatsier heiratete die Tochter seines langjährigen Arbeitgebers Tevel Schedak[2], Lea Tewelewna Schedak. Im Jahr 1920 trat er in den Dienst des Heringsgroßhändlers Elias Birkhans. Das Ehepaar Tukatsier hatte vier Töchter: Maria oder Mascha wurde 1913 geboren, Feiga 1916, Hasja 1918 und Meri oder Merchen 1923.

Die baltischen Staaten waren vom Ersten Weltkrieg unterschiedlich stark betroffen. Lettland musste schlimme Verwüstungen erleiden. Es lässt sich vergleichen mit der Zerstörung Belgiens an der Westfront. Das Gebiet des heutigen Litauens wurde gleich nach Kriegsbeginn erobert, Estland hingegen wurde vom Kriegsgeschehen erst in der Endphase des Weltkriegs erfasst. Die Frontlinie zwischen Russland und Deutschland etablierte sich für drei Jahre mitten in Lettland an der Düna, wo sie verblieb, bis Deutschland im September 1917 Riga eroberte und das gesamte Baltikum besetzte.

Lettland verlor im Ersten Weltkrieg ein Drittel seiner Bevölkerung: 800 000 Flüchtlinge gingen nach Russland, in die Ukraine und nach Estland, 60 000 Mann fielen in den Reihen der russischen Armee. Die Zerstörungen des sich lange hinziehenden Freiheitskampfes nach dem Weltkrieg vermehrten noch die Leiden. Von den Ländern der Ostfront litt Lettland in den sich über sechs Jahre hinziehenden Kämpfen relativ am meisten. Aus Kurland und Riga wurden Juden vertrieben. Das Unternehmen von Abram Tukatsiers Schwiegervater wurde evakuiert, und die Familie zog 1918 von Riga nach Charkow. Als Geburtsort der zweitjüngsten Tochter Hasja wurde 1918 Charkow, Ukraine, vermerkt. Nach dem Krieg kehrten etwa 200 000 Letten aus Russland zurück, so auch die Familie Tukatsier 1920 nach Riga. Die meisten der Letten, die in der russischen Armee gedient hatten, blieben – anders als die Esten – in Sowjetrussland und wechselten auf die Seite der Bolschewiki. Aus ihnen formierte sich das berühmte lettische Scharfschützenbataillon (*strelki*), das die zuverlässige Elitetruppe[3] der Roten Armee wurde. Lettische Scharfschützen nahmen mit ihrem Panzerzug aufseiten der Roten auch am finnischen Bürgerkrieg, in Mäntyharju, teil.

Das Überlaufen zu den Bolschewiki ist vor dem Hintergrund der bitteren Erinnerung an die Strafexpeditionen der Zarenmacht zu sehen, die nach der Revolution von 1905 mit harter Hand die Ordnung in Lettland wiederherstellte. Bei diesen Strafexpeditionen wurden innerhalb von sechs Monaten etwa 8000 Letten getötet, mehr als irgendwo sonst im russischen Kaiserreich.[4]

Im Oktober 1939 lobte Stalin gegenüber dem lettischen Außenminister Vilhelms Munters die Armee Lettlands, die nach seinen Worten besser war als die Estlands, und fügte hinzu: »Die *Strelkí* (die lettischen Scharfschützen) waren seinerzeit gute Soldaten.«[5] Auch bei der Geheimpolizei Tscheka, bei deren Nachfolgeorganisation NKWD sowie beim sowjetischen Militärnachrichtendienst GRU gab es Letten in Führungspositionen. Die russischen Weißen machten sich darüber lustig, dass die jüdische Intelligenz, die lettischen Bajonette und die russischen Dummköpfe die Grundlage der Sowjetmacht bildeten.[6]

Der Freiheitskampf Lettlands dauerte zwei Jahre. Die Frontlinien änderten sich, ebenso die Konstellationen. Außer Roten und Weißen gab es noch eine dritte Partei, die Deutschen (*Baltische Landeswehr*), die sich im Verlauf des Krieges mit verschiedenen weißen russischen Truppen verbündeten. Die Phase mit der Bezeichnung »Landeswehr-Krieg« endete, als die Letten, unterstützt von estnischen Truppen und finnischen Freiwilligen (*Pohjan pojat*) die Deutschen zum Rückzug zwangen. Die finnischen Weißen kämpften also gegen ihre ehemaligen Verbündeten, die Deutschen!

In dem Waffenstillstandsvertrag zwischen den Staaten der Entente und Deutschland vom November 1918 wurde bestimmt, dass die deutschen Truppen wegen der bolschewistischen Bedrohung im Baltikum verbleiben sollten.[7] Das war der Beginn der Einmischung der Westmächte in den russischen Bürgerkrieg. Aus deutscher Sicht waren die von Generalmajor Rüdiger von der Goltz angeführten Freikorps ein Teil der Verteidigung gegen die Rote Armee, deren Angriff gegen Polen im Jahr 1919 Ostpreußen bedrohte.[8] Kurland und der nördliche Teil Ostpreußens, Memel (Klaipeda), waren bis zum Eintreten der Unabhängigkeit Litauens Grenznachbarn.[9] Lettland trat 1921 nach Vermittlung der Entente-Staaten das Fischerdorf Palanga (Polangen) an Litauen ab, das so einen Zugang zum Meer erhielt.[10]

Bei den Deutschen gab es kein Verständnis für die nationalen Bestrebungen der Letten und der Esten. Im Hintergrund wirkte die jahrhundertealte Spannung zwischen der aus dem deutschen Landadel, also den Rittergutsbesitzern, sowie dem Bürgertum bestehenden Oberklasse und andererseits den »undeutschen« Letten und Esten. Die Leibeigenschaft in Estland, Kurland und Livland war erst in den Jahren 1816, 1817 bzw. 1819 abgeschafft worden.

Auch die Stellung der lutherischen Kirche in Estland und Livland war grundlegend anders als die der Kirche in Finnland. Die lutherische Kirche in Finnland stand dem Volk näher, und es kam vor, dass der Pfarrer des Kirchspiels sich bei Streitigkeiten auf die Seite der Bauern stellte, als ihr Bevollmächtigter auftrat und sogar nach Stockholm »zum König« fuhr. Die Kirche im Baltikum war deutsch, auf Estnisch: *saksa kirk*. Der Gutsherr erbaute die Kirche auf eigene Kosten und stellte einen Pastor ein, der ihm treu ergeben war.

Die Ereignisse der Revolution von 1905, das Niederbrennen und Ausrauben der Herrenhöfe und die darauf folgenden Strafexpeditionen bildeten einen unüberwindlichen Graben zwischen dem deutschen Adel und dem einfachen Volk Lettlands und Estlands.[11] Die Autonomie Finnlands war nach den Worten des finnischen Historikers Osmo Jussila eine Verwaltungsautonomie, die Autonomie der baltischen Provinzen jedoch basierte auf den Privilegien, die der Kaiser den Ständen gewährt hatte und die von Alexander III. nicht mehr bestätigt worden waren.[12]

Die Ziele der Deutschen waren auch politischer Natur. Der deutsche Historiker Georg von Rauch charakterisierte General von der Goltz als eigensinnigen Mann mit gesteigertem politischen Ehrgeiz.[13] Goltz wollte Lettland von Sozialisten, Pazifisten und Juden säubern. Sein Ziel war es, deutsche Neusiedler in einem »Baltischen Herzogtum« ansässig zu machen; für die Gründung eines solchen hatten die Junker Kaiser Wilhelm II. im April 1918 um Erlaubnis gebeten. Ebenso wie die finnischen Monarchisten strebte auch der Landadel eine dynastische Verbindung mit dem preußischen Königshaus an. Im Sprachgebrauch von der Goltz' war *der Balte* ein Baltendeutscher und kein Lette oder Este. Heute werden die Einwohner aller drei baltischen Länder »Balten« genannt, auch die des katholischen Litauens, das erst mit der Gewinnung der Unabhängigkeit das dritte baltische Land wurde.[14]

Der Enkel des Prinzen Friedrich Karl von Hessen, Rainer von Hessen, dessen Großvater seinerzeit finnischer König werden sollte, erzählte in Berlin bei einem Seminar in der finnischen Botschaft im Dezember 2007, dass sein Großvater schon im Jahr 1915 seinem Schwager, dem Kaiser, mitgeteilt habe, an der Krone des Herzogs von Kurland interessiert zu sein, falls ein solcher Staat erneut gegründet werden sollte. Die Reaktion Wilhelms II. sei positiv gewesen.[15]

Der Freiheitskrieg Lettlands endete im August 1920 mit einem Friedensvertrag mit Sowjetrussland. Die nach Deutschland zurückgekehrten Freikorps, die spöttisch *Baltikumer* genannt wurden, setzten ihren Krieg mit den Umsturzversuchen fort, die die Weimarer Republik ins Wanken brachten, und brutalisierten die Straßenkämpfe, von denen Deutschland gepeinigt wurde. Rauch bezeichnete die Truppe als Soldateska.[16]

Der Kontrast zu der in Finnland herrschenden Situation ist bemerkenswert. General von der Goltz war der Held des weißen Finnlands. In seinen Memoiren vergleicht er »die krankhaft deutschenfeindlichen« Letten mit den Finnen, die er schätzte.[17]

Die Revolte der Roten, die im Januar 1918 im unabhängig gewordenen Finnland ausbrach und zu einem Bürgerkrieg wurde, unterschied sich in mancherlei Hinsicht von der Entwicklung in den baltischen Ländern. Die Bolschewiki erfreuten sich im Baltikum beachtlicher Beliebtheit. Bei den Wahlen für die grundgesetzgebende Versammlung Russlands im Januar 1918 entfielen auf sie 72 Prozent der Stimmen sowohl in Estland als auch im nicht besetzten Livland, während die entsprechende Zahl im gesamten Reich nur etwa ein Drittel betrug. Nach Angaben von Rauchs erzeugte der Staatsstreich der Bolschewiki weder in Estland noch in Lettland Widerstand.[18] Die Beliebtheit der Bolschewiki erklärt sich nach Ansicht des Politikwissenschaftlers Andres Kasekamp und des Historikers Andrew Ezergailis durch den hohen Grad der Industrialisierung im Baltikum, durch die Verbitterung nach der Revolution von 1905 und durch die Umsiedlungen, von denen die Letten betroffen waren. Auch das Versprechen der Bolschewiki, an die Bauern Land zu verteilen, beeinflusste die Wähler.[19] Wegen einer solchen Aussicht waren schon in den 1840er-Jahren besonders estnische Bauern zum russisch-orthodoxen Glauben konvertiert, weil sie hofften, der rechtgläubige Zar werde ihnen Land geben.[20]

Die durch den Weltkrieg entstandene Kriegskonjunktur krempelte die finnische Wirtschaft um und band Finnland noch enger an Russland. Die Metallindustrie bekam reichlich Aufträge aus Russland, aber der Export in Richtung Westen stockte – abgesehen von dem nach Schweden.[21] Erst die russische Revolution von 1917 verursachte auch in Finnland Unruhe und Streiks. Das russische Wort für Freiheit, *swobóda*, wurde ein neues Lehnwort im Finnischen, jedoch mit anderer Bedeutung. Im Finnischen bedeutet *svóboda* Anarchie.

Das finnische Militär war 1905 abgeschafft und die Wehrpflicht in eine finanzielle Ersatzleistung, die sogenannten Militärmillionen, umgewandelt worden; solche Zahlungen leisteten auch einige Tatarenkhanate an die russische Krone. Deshalb kämpften im Ersten Weltkrieg keine Finnen in der russischen Armee, abgesehen von Berufsoffizieren und einigen Hundert Freiwilligen. Die finnischen Jäger, die heimlich nach Deutschland gegangen waren, bildeten ein eigenes Bataillon, das 27. Königlich-Preußische Jägerbataillon. Sie erhielten ihre Feuertaufe in den Schützengräben am lettischen Aa-Fluss (Lielupe) und an der Misa. Als der kurze finnische Bürgerkrieg im Mai 1918 nach nur dreieinhalb Monaten endete, bereitete sich Russland erst auf die Kraftprobe zwischen Weißen und Roten vor, und das gesamte Baltikum war immer noch von den Deutschen besetzt. Estland und Litauen erklärten im Februar 1918 ihre Unabhängigkeit, Lettland erst im November 1918.

Das unabhängig gewordene Lettland verlor sein Hinterland. Riga war die drittgrößte Industriestadt des Kaiserreichs und Hafenstadt der Großmacht gewesen.[22] Von den Zerstörungen des Krieges und der Erholung danach zeugt die schwankende Einwohnerzahl Rigas. Hatte die Stadt im Jahr 1913 noch 472 000 Einwohner, so waren es 1920 nur noch 185 000. Bis 1930 hatte die Zahl der Einwohner fast wieder das Vorkriegsniveau erreicht, nämlich 378 000.

Dennoch blieb die Verbindung zu Moskau erhalten. Riga wurde in den 1920er- und 1930er-Jahren ein Dienstleistungsstützpunkt des nur wenige Köpfe zählenden diplomatischen Korps. Auch lernten westliche Diplomaten wie zum Beispiel George F. Kennan in Riga Russisch, während sie sich auf ihren Amtsantritt in Moskau vorbereiteten. Nach dem Zweiten Weltkrieg verließ sich die ausländische Community Moskaus auf Helsinki.

Nach dem Ausbruch des Winterkriegs konnte das Personal der finnischen Gesandtschaft in Moskau, das im Botschaftsgebäude in der Falle saß, nach Riga ausreisen, nachdem Außenminister Molotow schließlich Schweden als Schutzstaat Finnlands akzeptiert und einem Austausch des Personals der

Botschaften zugestimmt hatte. Die direkte Zugverbindung in die Hauptstadt des noch unabhängigen Lettlands war der am besten funktionierende Weg, die sowjetische Hauptstadt zu verlassen. Danach wurde auch dem Personal der sowjetischen Botschaft, das in der Albertinkatu in Helsinki als Geiseln festgehalten wurde, gestattet, Finnland zu verlassen.

Der wirtschaftliche Aufschwung Lettlands basierte auf der entwickelten Kleinindustrie und ganz besonders auf der blühenden Landwirtschaft, die von der in den Jahren 1920–1937 stufenweise durchgeführten Bodenreform profitierte. Sowohl in Lettland als auch in Estland wurden die großen Güter des deutschen Adels an die Landlosen verteilt. Die Hälfte der lettischen und estnischen Bauern war landlos, und etwa die Hälfte des Bodens und der Wälder gehörte dem deutschen Adel.[23] Laut von Rauch war die lettische Bodenreform die radikalste. Sie betraf 1300 Landgüter, und 1,3 Millionen Hektar wechselten den Besitzer.[24] Die Redensart »*Lettland – Fettland*« spricht für sich.

Besonders beeindruckend in der Literatur über das Schicksal der Juden in Lettland sind die Memoiren der Jüdin Valentina Freimane, ›Adieu, Atlantis‹. Sie stammte ursprünglich aus Berlin und hatte die deutsche Besatzung teils in Riga im Untergrund und teils in Lettland auf dem Lande überlebt. In dem Buch erzählt sie, dass die hochwertige lettische Butter in den 1930er-Jahren in den Geschäften am Berliner Kurfürstendamm erhältlich war, wohin sie gekühlt per Bahn aus Riga geliefert wurde. Im Jahr 1938 machte Butter rund ein Fünftel des gesamten lettischen Exportwertes aus.[25] Eine direkte Telefonverbindung zwischen Helsinki und Riga wurde im Jahr 1928 eröffnet.[26]

Riga war eine sehr deutsche Stadt, sogar in dem Maße, dass die Amtssprache der Stadt vor der Unabhängigkeit Lettlands Deutsch war. Die russische Sprache trat erst 1891 neben die deutsche. 1897 bestand die Bevölkerung Rigas zu 42 Prozent aus Letten, zu 26 aus Deutschen, zu 17 aus Russen und zu 7 Prozent aus Juden.[27] Nach der Revolution wurde Riga zu einem Zentrum der russischen Emigration; dorthin zogen Angehörige der Intelligenz von kunterbunter Vielfalt. Insgesamt lebten im unabhängigen Lettland über 200 000 Russen, von denen die meisten Emigranten waren, also ebenso viele wie damals zum Beispiel in Berlin oder in Paris.[28]

Der deutsche Bundeskanzler Helmut Kohl besuchte Lettland nur ein einziges Mal, und zwar erst am Ende seiner Kanzlerschaft im Jahr 1998. Als er Riga und seine Kirchen sah, soll er ganz verblüfft gesagt haben: »Dies ist ja wie Lübeck ohne Parkhäuser.«[29]

Das Riga der 1920er- und 1930er-Jahre war auch ein Zentrum jüdischen Lebens und jüdischer Kultur und die größte von Juden bewohnte Stadt im Baltikum, denn das »Jerusalem des Nordens«, wie Napoleon Wilna (Vilnius) genannt hatte, gehörte in der Zwischenkriegszeit zu Polen. Die Geschichte der jüdischen Einwohnerschaft Lettlands war anders verlaufen als die Geschichte der russischen Juden und datierte aus älterer Zeit. Peter der Große verleibte Estland, den größeren Teil von Livland und die Stadt Riga 1721 im Frieden von Nystad dem russischen Kaiserreich ein. Lettgallen im Südosten des heutigen Lettlands und Kurland wurden erst mit den Teilungen Polens von 1772 und 1795 Teil des Kaiserreichs. Nur das zum Gouvernement Witebsk gehörende Lettgallen, also das ehemalige polnische Livland, war Teil des von Katharina der Großen festgelegten Wohngebiets der Juden so wie ganz Litauen und Polen. Erst die Bolschewiki schlossen Lettgallen an Lettland an.[30] Nach Livland zogen Juden in größerem Maßstab erst nach der Unabhängigkeit Lettlands. In Riga hatten Juden sich seit 1840 niedergelassen.

Die Juden in Lettland bildeten zwei Gruppen, die der ursprünglich ab dem 16. Jahrhundert aus Deutschland nach Kurland gezogenen und Deutsch sprechenden Juden sowie die aus

Russland und Polen zugezogenen Ostjuden, die Jiddisch sprachen und Russisch konnten. In Dünaburg (Daugavpils, Dwinsk), der größten Stadt Lettgallens, die um die Jahrhundertwende zum Gouvernement Witebsk gehörte, machten die Juden ein Viertel der Bevölkerung aus. Michael Wolffsohn bezeichnet dieses Phänomen, das außer Lettland und Estland auch die Tschechoslowakei betrifft, als *Mischsozialisation*. Der Erfahrungsbereich der jüdischen Bevölkerung dieser Gebiete stammte aus zwei verschiedenen Welten.[31] Diese Unterschiede in der Vorgeschichte der Juden Lettlands veränderten und verschärften sich nach dem Zweiten Weltkrieg. Die Trennlinie war klar: Sie verlief zwischen den lettischen Juden, also den wenigen, die überlebt hatten und nach Hause zurückgekehrt waren, und den sowjetischen Juden, deren Vorgeschichte, Sprachkenntnisse und Sozialisierung sich in vielerlei Hinsicht von der Erfahrungswelt der im unabhängigen Lettland aufgewachsenen unterschied. Für Mascha, die Cousine meiner Mutter, war dieser Unterschied nach dem Krieg wichtig, sie hob ihn immer hervor.

Die Minderheiten genossen im unabhängigen Lettland eine weitreichende Kulturautonomie, die auch Schulen in der eigenen Sprache und politische Parteien umfasste. Estland ging noch einen Schritt weiter, indem es den Minderheiten eine institutionalisierte Kulturautonomie gewährte.

Vor dem Zweiten Weltkrieg lebten in Lettland rund 95 000 Juden, die Hälfte davon in Riga. Ihr Anteil an der Bevölkerung betrug 4,8 Prozent, während er sich in Litauen auf 7,2 und in Estland nur auf 0,4 Prozent belief. Der Anteil der Juden am Wirtschaftsleben, an der Welt der Banken, an Forst- und Textilindustrie sowie am Handel Lettlands war jedoch bedeutend. Auch die Anzahl der jüdischen Ärzte und besonders der Zahnärzte war erheblich.

Ein Viertel der Bevölkerung Lettlands gehörte einer Minderheit an, von denen die 200 000 Russen die größte Gruppe bil-

Mascha als Braut

dete. Die nächst größeren Gruppen waren Juden und Deutsche. Angehörige der Minderheiten hatten keinen Zugang zu staatlichen Ämtern. Stattdessen hatten alle Menschen das Recht, bei Wahlen für das Parlament (Saeima) zu kandidieren. Die Minderheiten lebten ihr eigenes Leben, und eine Integration fand nicht statt. Der aus Riga gebürtige jüdische Pathologe Bernhard Press, der aus dem Getto fliehen konnte, aber 1951 wegen angeblichen Hochverrats zu 25 Jahren im arktischen Norilsk verurteilt wurde, hat ein Buch über den Judenmord in Lettland veröffentlicht. Darin schreibt er, die Juden seien die »diskriminierteste der diskriminierten« Minderheiten gewesen.[32] Dennoch kann man die Stellung der Juden in Lettland nicht mit der der Juden in Deutschland vergleichen. Mit den Worten von Valentina Freimane war die Tragödie der voll assimilierten Juden in Deutschland ihre »*verratene Liebe*«.[33] Die lettischen Juden hatten kein solches Verhältnis zu Lettland und zum Lettentum wie die deutschen Juden zu ihrem Land. Sie konnten Lettisch, aber die Kultursprache und die Sprache der Assimilation war Deutsch. Die Identifikation der Juden in Deutschland mit der deutschen Sprache und der deutschen Kultur erinnert mehr an die Liebe der Juden in Russland zur russischen Sprache und Kultur.

Die urbanen Juden Lettlands sprachen Lettisch, Deutsch und Russisch. Ihr Ziel war es, ihren Kindern eine europäische Bildung zu garantieren.[34] Anfang der 1930er-Jahre war der Anteil der einzelnen Bevölkerungsgruppen Lettlands, die ein Gymnasium absolviert hatten, folgendermaßen verteilt: Juden 3,9 Prozent, Deutsche 2,7, Letten 1,2 und Russen 0,7 Prozent. Die Juden waren der Bevölkerungsteil Lettlands, der über die besten Sprachkenntnisse verfügte.[35]

Bis zum Staatsstreich von Ministerpräsident Kārlis Ulmanis im Jahr 1934 war die Wahl der Schule frei. Nach der Annullierung der Verfassung durfte die Schulsprache nur entweder die Muttersprache oder Lettisch sein. Auch wurden die Banken und Großunternehmen, die sich in jüdischem oder deutschem Besitz befanden, gemäß der Parole »Lettland den Letten« verstaatlicht. Wie Rauch schreibt, schadete der antideutsche und antijüdische Nationalismus der Wirtschaft des Landes.[36]

Der Zionismus sprach die lettischen Juden an. Auch Abram

Tukatsiers Familie hegte Sympathien dafür. Mascha schloss sich dem Jugendflügel Galili der militanten rechten zionistischen Betar-Organisation an, die 1923 in Riga von Wladimir Jabotinski gegründet worden war.[37] Dagegen hegte nach Berichten von Tochter Lena Maschas künftiger Mann Josef Jungman Sympathien für die Linke, die sich allerdings später in Luft auflösten. Maschas Vater wie auch sein Helsinkier Bruder Meier spendeten über die Organisation Keren Kayemeth LeIsrael[38] für Bedürftige, für Bodenkäufe und Aufforstung in Palästina. Abram Tukatsier kaufte zudem Obligationen der Bank Hapoalim, also der Bank of Palestine. 2005 veröffentlichte eine israelische Kommission in einer Denkschrift die Namen der Personen, die vor dem Krieg in diese Bank investiert hatten. Auf der Liste stand auch der Name von Maschas Vater. Im Frühjahr 2015 zahlte die Bank Hapoalim der Enkelin von Abram Tukatsier für die Obligationen 654 Schekel, also etwa 150 Euro aus. Es sei erwähnt, dass Abram Tukatsier im Jahr 1939 für den von Präsident Ulmanis und Verteidigungsminister Balodis gegründeten »Verteidigungsfonds Lettland« 25 Lat spendete.

Ein Umzug nach Palästina war für die wohlhabende Familie Tukatsier dennoch nicht aktuell, obwohl Mascha als Zionistin und »Betarnik« das in Betracht gezogen hatte, bevor sie im Jahr 1938 Josef heiratete. Stattdessen machten die Brüder meiner Mutter, Abraham und Moses Tokazier, um 1930 eine Pilgerreise nach Palästina. Dort verloren sie ihr Geld und kehrten, nur spärlich bekleidet und nahezu blank, mitten im Winter nach Finnland zurück.

Wie Michael Wolffsohn schreibt, war der Umzug nach Palästina für assimilierte deutsche Juden in den 1920er-Jahren ein vollkommen unmöglicher und absurder Gedanke.[39] Deutsche Juden, die nach Palästina gezogen waren, wurden *jekke* genannt. Der Ausdruck weist wahrscheinlich auf das deutsche Wort Jacke, die Ankömmlinge aus Deutschland waren nämlich

»In Riga hatten wir ein gutes Leben.« *Mascha und Feigo 1937 mit Maschas Eltern*

bürgerliche, gut gekleidete Leute, denen Palästina damals zumeist nur harte körperliche Arbeit im Kibbuz bot, für die man die Ärmel hochkrempeln musste. Eine der Streitfragen der zionistischen Bewegung drehte sich ausdrücklich um den Zweck der Einwanderung. Wladimir Jabotinski, Führungsgestalt der Opposition in der zionistischen Bewegung, stellte sich sowohl gegen den Sozialismus als auch gegen die Landwirtschaftsideologie des Zionismus, also gegen das Ziel »eines neuen jüdischen Lebens auf dem Land«.[40]

Der lettische Jude Max Kaufmann, der seine Familie im Holocaust verloren, selbst aber überlebt hatte, hat 1947 ein Buch über diese Zeit und über die Vernichtung der lettischen Juden durch die Deutschen veröffentlicht. Er ist der Auffassung, dass der wachsende Nationalismus und das Beispiel Deutschlands nach dem Staatsstreich von 1934 den Antisemitismus verstärkt haben.[41] Valentina Freimane dagegen spricht lieber von *Judophobie* im Lettland der Vorkriegszeit. »Antisemitismus« ist ihrer Ansicht nach ein politisch zu sehr aufgeladenes Wort, denn in der Beziehung zwischen Letten und Juden gab es laut Freimane keine Feindseligkeit. Das bestätigen auch Rauch sowie der gründliche Forschungsbericht über den Holocaust in Lettland von Andrew Ezergailis.[42] Spannungen gab es eher mit den Deutschen, die sich im 19. Jahrhundert dem Zuzug jüdischer Kaufleute nach Riga entgegengestellt hatten. Nach den Worten der klugen alten Frau ist Judentum keine Nationalität, sondern ein Schicksal.[43] Darüber denkt auch der Milchmann Tewje nach: »Warum musste Gott Juden und Nichtjuden erschaffen?«[44] Anders als die finnische gewährte die lettische Regierung den 1938 aus Österreich geflüchteten Tausenden Juden Asyl, als die jüdische Gemeinschaft die notwendigen wirtschaftlichen Garantien gab.

Bildung war für die Familie von Abram und Lea Tukatsier eine wichtige Sache. Mutter Lea hatte das Gymnasium absolviert, was außergewöhnlich war. Mascha besuchte das klassische, private russische Betar-Gymnasium. Die Schule bot ihren jüdischen Schülern eigenen Religionsunterricht. Maschas Mann Josef Jungman hatte eine deutsche Schule besucht, Maschas Schwester Hasja wiederum das jüdische, aber deutschsprachige Ezra-Gymnasium. Die jüngste Tochter Meri hatte einen deutschen Hauslehrer. Maschas Tochter Lena erinnert sich daran, wie entsetzt ihre Mutter über das Niveau des Unterrichts in russischer Sprache und Literatur in der sowjetischen Schule war, die Lena nach dem Krieg in Riga besuchte: »Was wird euch da bloß beigebracht!« Mascha nahm es mit dem korrekten Russisch sehr genau.

In dem nach dem Ersten Weltkrieg neu gegründeten Staat Polen hatte im Mai 1926 unter der Führung des Marschalls Józef Piłsudski ein Staatsstreich stattgefunden, die parlamentarische Demokratie wurde abgeschafft. Im selben Jahr ging auch Litauen zu einem autokratischen System über, in dem die politischen Parteien verboten waren und die Zensur die Presse kontrollierte. Estland und Lettland folgten im Jahr 1934 ebenfalls dieser Linie. Der Lette Kārlis Ulmanis, Konstantin Päts in

Estland und der litauische Präsident Antanas Smetona waren Diktatoren ihrer Zeit. Laut Ezergailis war Ulmanis' Regime ein »Pluralismus nach Art des Faschismus«.[45] Die Verhältnisse waren stark ideologisiert, aber nicht totalitär. Die Einschätzung, dass die Verhältnisse in den baltischen Ländern in der Zwischenkriegszeit »ruhig«[46] waren, dürfte korrekt sein, zumal wenn man bedenkt, was danach kam. Der Wohlstand wuchs, die Länder entwickelten sich. Das Chaos und die Umwälzungen in Sowjetrussland waren zu spüren, verblieben jedoch größtenteils jenseits der Grenzen. Mit den Worten meiner Mutter: *Livet var gott i Riga* – In Riga hatten wir ein gutes Leben.

»Wir haben schon einmal eine deutsche Besatzung überlebt«

Der Verzicht auf die parlamentarische Demokratie und die darauf folgenden sechs Jahre autoritärer Macht schwächten die innere Kraft der Länder des Baltikums allerdings schon vor dem Krieg. Der Unterschied zu Finnland war erheblich. Das von einer Mitte-Links-Regierung geführte Finnland war im Innern wiederhergestellt und stark, als es im Herbst 1939 eine Einladung nach Moskau bekam. Als Deutschland im März 1939 Litauen zwang, das Memelland (das heutige Klaipeda) abzutreten, erklärte die Sowjetunion, dass sie die Bewahrung der Unabhängigkeit Estlands und Lettlands für wichtig erachte, und unterstellte mit einer einseitigen Erklärung Lettland und Estland ihrem Schutz. Die Entscheidung, sich Moskau anzunähern, war jedoch bei der estnischen Führung, Präsident Konstantin Päts und General Johan Laidoner, schon vor der Unterzeichnung des Hitler-Stalin-Paktes 1939 und der Einladung zu Beratungen nach Moskau gereift.[1]

Über Nacht waren aus der Sowjetunion und Deutschland Verbündete geworden, und Finnland und die baltischen Länder waren der Interessensphäre der Sowjetunion zugeschlagen worden. Die sowjetischen Truppen blieben, wie vereinbart, in ihren Stützpunkten, bis sie im Sommer 1940 alle drei Länder besetzten. Das Niveau der Rotarmisten überzeugte offenbar niemanden – »Männer wie Wergbüschel«. Die Soldaten, die zum ersten Mal ein Fahrrad bestiegen, stürzten zu Boden. Die einen kosteten von der Zahnpasta, die anderen hielten einen Unterrock für ein Abendkleid.[2]

Der finnische Journalist und Publizist Jukka Rislakki beschreibt in seinem Buch ›Latvian kohtalonvuodet‹ (Lettische Schicksale), welche Einstellung der deutsche Generalmajor von der Goltz 20 Jahre zuvor verkörpert hatte: »Die Russen sind das kleinere Übel. Die Deutschen würden sowohl die Nationalkultur als auch die Letten selbst vernichten.«[3] Das konnten die Finnen ihrerseits nicht verstehen, denn die Geschichte Finnlands unterschied sich in vielerlei Hinsicht von der Entwicklung in Estland und in Lettland. Der Deutschenhass der Esten war den Finnen unbegreiflich, und die Finnen konnten sich die Moskau-Alternative, für die die Staatenlenker von Lettland und Estland sich entschieden hatten, überhaupt nicht vorstellen.[4] Die Regierungen Lettlands und Estlands hatten jedoch im Herbst 1939 nichts anderes vor Augen als den raschen Fall Polens als Folge des gemeinsamen Angriffs von Deutschland und der Sowjetunion. Das Gegenbeispiel, das kurz darauf der finnisch-sowjetische Winterkrieg bieten sollte, lag noch im Nebel der Zukunft. Der estnische General Laidoner fand, Finnland habe Estland verraten, indem es auf eine Lösung durch Beratungen verzichtete.[5]

Die Beziehungen zwischen Lettland und Estland waren angespannt. Der lettische Außenminister Vilhelms Munters wetteiferte mit dem estnischen Außenminister Karl Selter darum, wer als Erster bei Außenminister Molotow in Moskau vorsprechen würde. General Laidoner hatte im März 1939 scharf und mit großer Verachtung die Politik der Tschechoslowakei verurteilt, die gegen die einmarschierenden Deutschen keinen Widerstand geleistet hatte, handelte aber im Sommer 1940 selbst ebenso. Auch heute noch wird diese Entscheidung vor dem Hintergrund der nationalen Selbstprüfung in Estland verteidigt, mit dem Verweis auf die Mängel der eigenen Verteidigungsfähigkeit, so der finnische Historiker Martti Turtola.

Weder Estland noch Lettland hatten 1939 die Absicht, zu den Waffen zu greifen. Estlands Oberbefehlshaber stand für den »nationalen Defätismus«.[6] Lettlands Funkaufklärung dagegen übermittelte während des ganzen Winterkriegs an Finnland Nachrichten, die es aufgefangen und geknackt hatte und die von operativer Bedeutung waren.[7] Doch als die Sowjetunion schließlich im Sommer 1940 die baltischen Länder besetzte, suchte kein einziges estnisches Flugzeug, kein Schiff und kein Offizier Schutz in Finnland, was zu jenem Zeitpunkt noch verhältnismäßig leicht gewesen wäre.[8] Die Offizierskorps Estlands und Lettlands fielen Stalin in die Hände und wurden von ihm vernichtet.

In den Reihen der finnischen Armee kämpften im Fortsetzungskrieg mehr als 3000 estnische Freiwillige, die unter anderem ein eigenes Regiment JR 200 (die Finnland-Jungs) bildeten. Der Unterschied zwischen dem Finnischen und dem Estnischen ist nicht so groß, dass man sich nicht verständigen könnte. An der finnischen Front zu kämpfen stellte so aus sprachlichen Gründen für die Esten eine dritte Möglichkeit dar, die die anderen Balten nicht hatten. Bürger aller baltischen Länder wurden für die Rote Armee oder die Waffen-SS zwangsrekrutiert, oder sie meldeten sich freiwillig. In der Anfangsphase des Kriegs kämpften mehr Letten in der Roten Armee als aufseiten der Deutschen. Polen und Litauen waren die einzigen von den Deutschen besetzten Staaten, in denen keine nationalen Truppenabteilungen der Waffen-SS gebildet wurden.

Wie Turtola schreibt, scheuten der estnische Präsident Päts und General Laidoner davor zurück, die estnische Armee zu mobilisieren, weil sie die Reaktion des Volkes fürchteten. Mithilfe strenger Zensur war die Bevölkerung in Unwissenheit gehalten worden, und die Parlamente, in Estland das *Riigikogu* und in Lettland das *Saiema*, hatten kein Mitspracherecht. Eine mobilisierte Armee hätte eine unvorhersehbare Situation schaffen können. Angesichts des drohenden Kriegs fürchteten die allmächtigen Diktatoren ihre eigene Bevölkerung. Lettland allerdings zog eine Mobilisierung immerhin in Betracht.

Finnland mobilisierte unter der Bezeichnung *Außerplanmäßige Manöver* seine Armee im Oktober 1939. Die Befestigungsarbeiten auf der Karelischen Landenge hatten auf Initiative der Akademischen Karelien-Gesellschaft schon im Sommer begonnen. Daraus wurde eine Volksbewegung, deren praktische Durchführung von den Schutzkorps organisiert wurde.[9] Die Karelien-Gesellschaft bestand zwischen 1922 und 1944, eine Organisation von Studenten und Akademikern, die für die Idee eines Groß-Finnlands eintrat. Sie wurde von den Siegermächten als faschistisch eingestuft, und Finnland musste sich im Waffenstillstandsvertrag 1944 verpflichten, sie zu verbieten, ebenso die Schutzkorps.

Dass die baltischen Länder sich den Forderungen der Sowjetunion im Herbst 1939 beugten, hatte die Gründung sowjetischer Stützpunkte zur Folge, aber noch nicht die Besetzung. Nach dem Ausbruch des finnisch-russischen Winterkriegs 1939 begab sich General Laidoner zu einem glanzvollen Besuch nach Moskau, wo er von Stalin empfangen wurde. Er bekam einen weißen Araberhengst geschenkt, was die schwedische Presse dazu veranlasste, den estnischen Oberbefehlshaber als »General des weißen Pferdes« zu titulieren. Aber das edle Ross war nur geliehen, denn nach der Besetzung Estlands im Sommer 1940 wurde es seinem tatsächlichen Besitzer zurückgegeben.

Laidoners Reise dauerte zehn Tage, und er besuchte auch das wegen des Winterkriegs verdunkelte Leningrad. Gleichzeitig bombardierten sowjetische Flugzeuge Finnland. Ein Teil von ihnen startete von estnischen Flughäfen. Bei seinem Staatsbesuch in Helsinki im Jahr 2007 bedauerte Präsident Toomas Hendrik Ilves, dass von estnischem Boden Kriegshandlungen gegen Finnland ausgegangen waren.[10] Alle drei baltischen Länder enthielten sich der Stimme, als der Völkerbund im Dezember 1939 den Angriff der Sowjetunion gegen Finnland verurteilte und die Sowjetunion aus dem Völkerbund ausschloss.[11] In einer Rede vor dem estnischen Offizierskorps am 1. Januar 1940 bezichtigte Laidoner Finnland, das sich zur Wehr gesetzt hatte, des Egoismus.[12]

Laidoners lettischer Kollege, General Krišjānis Berkis, den in Stalins Sowjetunion das gleiche Schicksal erwartete wie Laidoner, begab sich erst im Mai 1940 auf die Reise nach Moskau. Auf der Rückreise konnte er vom Zug aus die an der Grenze zusammengezogenen Truppen der Roten Armee sehen, was die Absicht der Gastgeber gewesen sein dürfte.[13]

Molotow prophezeite dem litauischen Außenminister im Juni 1940, dass die kleinen Völker in der Zukunft verschwinden würden. Er machte deutlich, dass er damit auch die Finnen meinte.[14] Im Sommer 1940 wurden die baltischen Länder besetzt und der Sowjetunion angegliedert. In Lettland wurde die Operation von Andrej Wyschinski geleitet, der schon an der Sowjetisierung der West-Ukraine beteiligt gewesen war. Wyschinski war bekannt als *der* aggressive Ankläger bei den Schauprozessen in Moskau.[15] In der damaligen Sowjetunion fürchtete ihn jeder als zentrale, gnadenlose Figur bei den blutigen Schauprozessen. Auch der Sekretär des Zentralkomitees der KPdSU Georgij Malenkow sowie der Volkskommissar für Inneres der Ukrainischen Sowjetrepublik Iwan Serow waren in Riga.[16] Wyschinskis Pendant in Estland war der Leningrader Parteichef Andrej Schdanow, woran die Finnen sich gut erinnerten, als Schdanow im Herbst 1944 als Vorsitzender der Alliierten Kontrollkommission nach Finnland kam, um die Erfüllung der Waffenstillstandsbedingungen zu überwachen.

Kommandierender der sowjetischen Truppen in Estland wiederum war General Kirill Merezkow, der später bei dem Großangriff der Roten Armee gegen die finnische Front auf der Karelischen Landenge vom Juni 1944 die Leningrader Front befehligte. Otto Vilgelmowitsch Kuusinen, führender finnischer

Kommunist und Chef der Karelo-Finnischen Sowjetrepublik, schlug seinerseits im August 1940 vor, das »arbeitsame, kluge und mannhafte estnische Volk« als Mitglied in die sowjetische Familie aufzunehmen.[17] Die Okkupation war ein Schock. Denn, wie Bernhard Press es ausdrückte, »aus der gut regierten Republik Lettland wurde eine chaotische Sowjetrepublik«.[18] Valentina Freimane berichtet von einem Sanitätsmajor der Roten Armee, der ein großes Risiko einging, indem er die Familie warnte, bei der er einquartiert war: »Sie können sich gar nicht vorstellen, was Sie erwartet.« Freimane war der Ansicht, dass kein Mensch im Westen verstehen kann, wie die baltischen Staaten das Jahr 1940 erlebten. »Wir wussten, dass es sowjetische Gesetze gab, aber es wurde gar nicht versucht, sie anzuwenden. Alles war eine einzige Fälschung (*falschiwka*) und Inszenierung.«[19]

Die Justizreform Alexanders II. von 1864 als unausweichliche Folge der Abschaffung der Leibeigenschaft war eine der gelungensten Reformen in der Geschichte Russlands. Die allmähliche Entwicklung eines Rechtsstaats eröffnete den Revolutionären zumindest die Möglichkeit, auf dem Rechtsweg gegen die Herrschaft des Zaren zu kämpfen. Damit war es seit der Revolution vorbei. Die Bolschewiki gingen von völlig anderen Voraussetzungen aus. Da Macht und Wahrheit sich im Besitz der Partei befanden, musste auch die Justiz der Partei und der von ihr jeweils ausgegebenen Linie dienen. Der Rechtsstaat war für Lenin ein »Mittel der Klassendominanz«.[20] Gleichheit vor dem Gesetz kannte die Partei nicht. Die sowjetischen Gesetze wurden den jeweiligen Zielen des Regimes angepasst. »Sozialistische Gesetzmäßigkeit« war eine leere Phrase.[21] Die strengen Anweisungen und die Bedrohung des Einzelnen, der sich nicht fügte, schufen eine Atmosphäre, in der das Reglement blind befolgt wurde. So kontrollierte die Partei die Bevölkerung. Die fehlende Tradition des Zivilrechts und der allgemeine rechtliche Nihilismus sind eine Erklärung dafür, dass der Weg zur Entwicklung eines Rechtsstaats nach dem Zerfall der Sowjetunion in Russland so holperig ist.

Zu Beginn der russischen Besetzung Lettlands gab es noch einen Hoffnungsschimmer. Man wollte den Versprechungen Wyschinskis glauben: zum Beispiel, dass die Landwirtschaft nicht kollektiviert werden würde. Im Winter 1940 begannen dann bereits die Deportationen. Betroffen war zunächst vor allem die Oberschicht. Das löste eine »Lawine des Schreckens« aus, wie Freimane es bezeichnet.[22]

Doch die neuen Machthaber waren nicht nur dem Bürgertum gegenüber, sondern auch gegenüber Zionisten und religiösen Juden besonders feindselig eingestellt. Im Sommer 1940 schlossen die sowjetischen Behörden die jüdischen Schulen, Organisationen und Theater. Im Juni 1941 wurden Tausende von Juden in sowjetische Lager deportiert. Dennoch betrauten die Sowjets Juden mit Führungsaufgaben. Dass die Juden Russisch sprachen, erleichterte ihnen den Umgang mit den Besatzern und verstärkte die Judenfeindlichkeit in Lettland.

1999 besuchte ich als Leiter der Ostabteilung des finnischen Außenministeriums Riga und lernte auch den russischen Botschafter Alexander Udalzow kennen. Die russische Botschaft befand sich in einem prachtvollen Jugendstilgebäude, in dem seinerzeit schon Wyschinski residiert hatte. Kaum hatte ich Udalzows Dienstzimmer betreten, fragte ich ihn, wo in der Botschaft sich der Wyschinski-Balkon befinde, von dem Wyschinski seinerzeit seine Ansprachen an das lettische Volk gehalten und ihm Versprechungen gemacht hatte. Der schlagfertige Udalzow deutete auf den Balkon seines Arbeitszimmers, lächelte und sagte, dass er ihn für immer geschlossen habe.[23]

Insgesamt wurden im Juni 1941 mehr als 15 000 Einwohner aus Lettland deportiert. Den relativ größten Anteil davon machten die Juden mit 11,7 Prozent aus, und die Vertreibungen richteten sich besonders gegen die Wohlhabenden. In Riga wurden 3900 Letten verhaftet, von denen 1100 Juden waren.

Der Anteil der Juden an der Gesamtbevölkerung Lettlands betrug damals 4,8 Prozent. Die zu Deportierenden wurden als Familien verhaftet und an derselben Verladestation Škirotava in Viehwagen verfrachtet, an der ein halbes Jahr später die aus Deutschland verschleppten Juden eintrafen. Das Getto von Riga, das die deutschen Besatzer nach ihrem Einmarsch Juli 1941 eingerichtet hatten, war im Dezember 1941 für die deutschen Juden geräumt worden.

Es war nicht die letzte Deportation, die von Škirotava aus stattfand. Im Jahr 1949 wurden von derselben Station Letten nach Sibirien abtransportiert.[24] Die Männer wurden von den Familien getrennt und in den Gulag geschickt, die Frauen und Kinder nach Nordrussland, Sibirien und Mittelasien. Die Sterblichkeit der in die Straflager geschickten Männer war im Allgemeinen höher als die der Frauen und Kinder, die inmitten der Bevölkerung unter günstigeren Bedingungen lebten.[25]

Der Geschäftspartner von Maschas Vater, der Heringsgroßhändler Elias Birkhans, wurde mit seiner Familie im Juni 1941 deportiert, aber Abram Tukatsier traf es nicht. Birkhans kam ums Leben, seine Frau und die Kinder kehrten nach der Begnadigung und der Rehabilitierung von 1955 zurück. Mascha dachte oft darüber nach, ob ihre Mutter oder vielleicht eine ihrer Schwestern überlebt hätten, wenn ihr Vater noch von den Russen deportiert worden wäre. Lennart Meri, fast zehn Jahre estnischer Staatspräsident, dessen Vater die Haft und dessen Mutter und Brüder die Deportation im nordrussischen Kirow (Wjatka) überlebten, hat über die Logik der Deportationen nachgedacht. Er kam zu dem Ergebnis, dass es sich um eine Dekapitation handelte, um den Versuch, die Elite zu vernichten. Allerdings geschah dies, wie er ironisch feststellte, nach der sowjetischen Logik. Verhaftet wurden diejenigen, deren Namen im Telefonbuch standen. Da in der Sowjetunion nur wenige Menschen über ein Telefon verfügten, mussten die Besitzer eines privaten Telefonanschlusses zwingend zur Elite gehören. Warum der eine deportiert wurde und ein anderer nicht, war reiner Zufall. Laut Lennart Meri waren die Methoden der systematischen Deportationen (die Männer in die Straflager und die restliche Familie in die Verbannung) von General Serow, der im Herbst 1939 Kommissar des Inneren der Ukrainischen Sowjetrepublik war, für die besetzte Westukraine entwickelt worden.[26] Serow war einer der Hauptorganisatoren des Massenmords an den polnischen Offizieren im Winter 1940 in Katyn.[27] Timothy Snyder weist darauf hin, dass die Aktionen Hitlers und Stalins in Polen ebenfalls eine Dekapitation waren, was auf tragische Weise bewies, dass die polnische Intelligenzija ihre historische Aufgabe erfüllt hatte.[28]

Der deutsche Angriff gegen die Sowjetunion begann am 22. Juni 1941, und Riga wurde am 1. Juli erobert. Der finnische Historiker und Osteuropaexperte Kari Alenius beschreibt den Beginn des Krieges als »Volksaufstand des Baltikums gegen die Sowjetunion«.[29] Es war das erste Mal, dass die Letten die Deutschen begeistert empfingen. Alles andere war nach dem Schock eines Jahres sowjetischer Besatzung vergessen.[30] Der lettische Rundfunk spielte zuerst die lettische Nationalhymne und anschließend das Erkennungslied des Dritten Reiches, das Horst-Wessel-Lied. Danach verboten die Deutschen die lettische Nationalhymne und die lettische Flagge.

Die hoffnungsvolle Anfangsstimmung wird deutlich in dem Ausspruch: Wir haben die deutsche Besatzung schon einmal überlebt.[31] Laut Solschenizyn vertrauten die Juden ihrer persönlichen Erfahrung. Sie erinnerten sich daran, dass die Deutschen im Ersten Weltkrieg den Juden gegenüber toleranter gewesen waren als andere.[32]

Genauso beschrieb auch Abram Tukatsier seine Erfahrung mit der früheren deutschen Besatzung, als Mascha ihm erklärte, sie und ihr Ehemann, der Geiger Josef Jungman, wollten die Ankunft der Deutschen nicht abwarten. Maschas Eltern legten dem jungen Paar keine Steine in den Weg. Die Mutter ermutigte die jungen Leute sogar und riet Josef, seine Geige mitzunehmen. Auch wollte sie Mascha ihre Brillantohrringe mitgeben, aber Mascha weigerte sich, sie anzunehmen, denn sie waren ein Geschenk des Vaters gewesen. Sie hätte gern ihre jüngste Schwester Meri oder Merchen mitgenommen, aber die 18-jährige Meri war erkältet. Die Mutter drückte ihre jüngste Tochter an sich und sagte, sie könne sie nicht fortlassen. Dass Merchen in Riga blieb und dort den Tod fand, quälte Mascha bis ans Ende ihrer Tage. Sie machte sich Vorwürfe, dass sie ihre kleine Schwester nicht gerettet hatte. Auch Josefs Schwester, deren Mann und ihr siebenjähriger Sohn wollten denselben Zug nehmen, verpassten ihn aber. Der nächste Zug kam nicht mehr über die Grenze, sondern fuhr nach Riga zurück, und die Familie wurde umgebracht.

In dem von Iljá Ehrenburg und Wassili Grossman herausgegebenen ›Schwarzbuch‹ wird das Chaos auf dem Rigaer Bahnhof vor der Ankunft der Deutschen geschildert. Züge standen kurz vor der Abfahrt, und diejenigen, die keinen Platz mehr darin fanden, ließen ihr Gepäck zurück und flüchteten, wie sie nur konnten.[33] Der Zug von Mascha und Josef war der letzte, der Lettland verlassen konnte. Es war ein Sonntag, der 29. Juni 1941. Die direkte Verbindung über Dünaburg (Daugavpils) und Rēzekene (deutsch Rositten) nach Moskau war schon unterbrochen, denn die Deutschen hatten Dünaburg am 26. Juni eingenommen. Maschas und Josefs Zug sollte eigentlich von Riga über Walk (Valka) und Pleskau (Pskow) Richtung Leningrad fahren. Aber dort kamen sie nie an, ihre wochenlange Reise endete in Alma-Ata in Kasachstan.

Die Deutschen eroberten Riga am 1. Juli 1941. Etwa 4000 lettischen Juden war es gelungen, nach Russland zu flüchten. Der sowjetische Pass genügte für die Einreise, aber von einer wirklichen Evakuierung konnte man wegen des schnellen Vorrückens der Deutschen nicht sprechen. Stattdessen schafften es die sowjetischen Behörden, die »deutschen« Juden, das heißt die aus Deutschland und Österreich, die in Lettland Asyl bekommen hatten, abzutransportieren. Sie wurden wie Feinde behandelt, was ihnen das Leben rettete![34] Auf dem Bahnhof von Riga gab es nur einige wenige Züge, die nach Osten fahren sollten. Sitzplätze waren rar, sodass die Menschen sich mit allen möglichen Mitteln bemühten, über die Grenze zu kommen. Besonders diejenigen flüchteten, die im Dienst Sowjet-Lettlands gestanden hatten.

Bevor der NKWD sich aus den baltischen Ländern zurückzog, tötete er die Menschen, die in seinen Gefängnissen gesessen hatten. Dass die Grausamkeiten des NKWD Juden zur Last gelegt wurden, kam den Deutschen gerade recht, denn es bestätigte die Auffassung von der »jüdisch-bolschewistischen« Sowjetunion. Wie aber Snyder scharfsinnig bemerkt, vertuschte die Kollaboration mit den Deutschen eine vorherige Zusammenarbeit mit den sowjetischen Besatzern.[35] Von einem Esten und seinen drei aufeinanderfolgenden Kollaborationen erzählt Sofi Oksanens Roman ›Als die Tauben verschwanden‹.[36]

Die Deutschen ermordeten mehr als 90 Prozent der Juden Lettlands. Diese Zahl ist relativ die höchste in Europa. Von allen lettischen Juden, die den Deutschen in die Hände gefallen waren, überlebten nur knapp 1000.[37] Das Töten begann sofort, und der Anteil des von Viktor Arjās kommandierten Hilfspolizei-Kommandos aus lettischen Freiwilligen war erheblich, auch wenn nichts ohne deutschen Befehl geschah. Arjās' Truppe verbrannte unter anderem die Juden, die sich in die Hauptsynagoge von Riga geflüchtet hatten, bei lebendigem Leibe. Die SS-Einsatzgruppe A selbst, die für die Vernichtung der Juden in den baltischen Ländern und in Weißrussland verantwortlich waren, zählte nur etwa 1800 Mann. Insgesamt belief sich die Stärke der Reinhard Heydrich, Himmlers zweitem Mann und Chef des Reichssicherheitshauptamts, unterstellten Spezialtruppen auf lediglich 3000 Mann. Gemäß Heydrichs

Befehl sollte die Mitwirkung der Deutschen ausgeblendet werden, und die Juden sollten spurlos verschwinden. Die *Aktion* sollte »spontan« und wie von Einheimischen durchgeführt wirken.

Auf ihrem Rückzug im Jahr 1944 bemühten sich die Deutschen, ihre Spuren zu verwischen, indem sie die Leichen aus den Massengräbern ausgruben und verbrannten. Laut Snyders grauenerregender Feststellung hatte die Einsatzgruppe genügend Mordenergie, aber ihr fehlte die Erfahrung des NKWD und die damit einhergehende Routine. Außerdem führte die Einsatzgruppe, anders als der NKWD, über ihre Aktionen nicht Buch.[38] Der für die Vernichtung des Rigaer Gettos verantwortliche SS-Obergruppenführer und General der Waffen-SS Friedrich Jeckeln verantwortete auch Morde in der Ukraine, unter anderen in der Stadt Berdytschiw und in Babi Jar bei Kiew. Jeckeln wurde im Februar 1946 auf dem Freiheitsplatz in Riga gehängt.[39]

Nach unter Eid geleisteten Zeugenaussagen, die in Yad Vashem, der Gedenkstätte für den Holocaust in Jerusalem, aufbewahrt werden, wurde Abram Tukatsier schon Anfang Juli 1941 auf dem Hof des Zentralgefängnisses von Riga zusammen mit etwa 6 000 anderen Männern ermordet.[40] Nach erhaltenen Dokumenten wurden bei Abram Tukatsier im Zentralgefängnis von Riga eine »Uhr aus Weißmetall« sowie ein Trauring aus »Gelbmetall« beschlagnahmt.[41] Das Geschehene wurde als »Maßnahme gegen Männer« (*akzija muschtschin*) bezeichnet. Die Aussage stammt von einem Rigaer Arzt, denn Ärzte wurden verschont.[42] Die Zeugin, von der eine andere Aussage stammt und die zusammen mit Maschas Mutter und Schwestern im Getto von Riga gewesen war, erzählte, dass die Einsatzgruppe die Frauen Ende November oder Anfang Dezember ermordet habe.

Das Getto wurde am 30. November und am 8. Dezember 1941 geräumt. Die etwa 28 000 Menschen, die im Getto in der

Rigaer Vorstadt Moskau zusammengepfercht gewesen waren, mussten offen die Straßen entlang bis in den zehn Kilometer entfernten Wald von Rumbula in den Tod marschieren. Der Wald war bekannt als Hinrichtungsstätte der Revolutionäre von 1905. Ziel der Aktion war es, Platz zu schaffen für die aus Deutschland deportierten deutschen Juden, deren Ermordung erst in Riga begann. Rumbula ist das Babi Jar von Riga.

Snyder beschreibt das Morden und Töten beiderseits der Molotow-Ribbentrop-Linie vor und im Krieg. Seine Schlussfolgerung lautet, dass sowohl Hitlers als auch Stalins ursprüngliche Pläne scheiterten und sich den Umständen entsprechend änderten.

Stalin hatte angekündigt, die Landwirtschaft innerhalb von einigen Monaten zu kollektivieren. Als das nicht gelang, begann die blutige Zwangskollektivierung, die letztlich zum Großen Terror und zu einem geistigen Umbruch führte, der die Sowjetunion von Grund auf veränderte, zur zweiten Revolution der Bolschewiki.[43]

Hitlers Ziel war die Vernichtung der Roten Armee und der Sowjetführung innerhalb von neun bis zwölf Wochen, also rechtzeitig vor Einbruch des Winters. Der *Hungerplan* wiederum zielte auf die Beschlagnahme der Lebensmittel- und Brennstoffvorräte der Sowjetunion, die ohne Rücksicht auf die Bedürfnisse der einheimischen Bevölkerung für die deutsche Heimatfront beschlagnahmt werden sollten. Stalin hatte bis zum Ausbruch des Krieges an Deutschland unter anderem Getreide geliefert. Der *Hungerplan* misslang, und letztlich trat die Ernährung der Wehrmacht aus der Produktion des besetzten Gebiets in Konkurrenz mit den Bedürfnissen der deutschen Heimatfront. Wieder vergleicht Snyder die Effizienz der Bolschewiki und der Nazis und kommt zu dem Schluss, dass Lazar Kaganowitsch, der für die Kollektivierung der Ukraine zuständig gewesen war, bei der Beschlagnahme der ukrainischen Ressourcen effizienter handelte als Hermann Göring. Das Verfahren führte bei beiden zu demselben Ergebnis: zum Aushungern der Ukrainer. Snyder zufolge war zum Beispiel die Bedeutung des besetzten Belgiens für den deutschen Nachschub letztlich größer als die der besetzten Sowjet-Ukraine.[44] Hier sei angemerkt, dass Deutschland an Finnland Getreide aus Dänemark lieferte.

Zu Hitlers großer Enttäuschung wollte Stalin im Jahr 1940 keine zwei Millionen Juden übernehmen. Hitler hätte gern das von Stalin geschaffene Netz der Straflager, den Gulag, »am Eismeer und in Sibirien« genutzt.[45] Da die Juden nicht nach Sibirien und wegen des Krieges im Westen auch nicht nach Madagaskar geschickt werden konnten – was einer der Pläne Hitlers gewesen war –, blieb nur, sie zu vernichten. Die *Endlösung*, also der Plan zur Vernichtung der Juden, änderte sich im Lauf der Zeit. Letztlich funktionierte auch die Vernichtung nicht wie geplant, denn die Ostfront und die Kriegsindustrie benötigten Arbeitskräfte. Die Endlösung bedeutete Töten und Aushungern durch Arbeit. Der für das Projekt erforderliche logistische Einsatz band wirkungsvoll Ressourcen des Krieg führenden Deutschlands.[46]

Nach der Besetzung Polens, der baltischen Länder und der Ukraine beherrschte Deutschland ein Gebiet, auf dem der größte Teil der Juden der ganzen Welt lebte, etwa fünf Millionen. Außer dem russischen Kaiserreich hatte nie zuvor irgendein Land der Erde eine jüdische Bevölkerung dieser Größe beherrscht. Die endgültige Vernichtung der Juden wurde für Hitler, mit Snyders Worten, ein unerreichbarer *Ersatzsieg*. Das erklärt auch die geografische und menschliche Besonderheit des Holocaust.

Hitler richtete seinen Hass gegen die Juden, von denen es in Deutschland letztlich relativ wenige gab. Wie Snyder ausführt, gab es allein im polnischen Łódź mehr jüdische Einwohner als in Berlin oder Wien. Stalin hatte bis zum Pogrom in der Kristallnacht 1938 mehr jüdische Einwohner umbringen lassen als

Hitler. Nicht, weil sie Juden waren, sondern weil sie in einem mörderischen Staat lebten.[47]

Das Dritte Reich wollte seine Juden loswerden, und deshalb bemühte man sich mit allen Mitteln und besonders durch Demütigungen und Schikanen, sie aus dem Land zu vergraulen. Betrug der Anteil der Juden im Jahr 1933 weniger als ein Prozent der Bevölkerung, so belief er sich 1939 auf nur noch ein viertel Prozent.[48] Übrig geblieben waren diejenigen, die keine Möglichkeit hatten, das Land zu verlassen. Schließlich wurde beschlossen, sie nach Osten zu verfrachten, und das geräumte Rigaer Getto war ein geeignetes Ziel. Zwar hatte Himmler ausdrücklich verboten, die deutschen Juden zu töten, aber es ging, wie es ging, und die erste Gruppe wurde sofort nach ihrer Ankunft in Riga ermordet.

Auch sonst hatten die Nazis den westeuropäischen Juden gegenüber eine andere Einstellung als gegenüber denjenigen aus Polen, dem Baltikum und Russland. Die Letztgenannten wurden in ihren Wohngebieten umgebracht, während die Ersteren in die Konzentrationslager geschickt wurden, von denen einige erst später Tötungsmaschinerien und viel später ein Symbol des Holocaust wurden.

»Was wussten sie von dem, was in der Sowjetunion geschah?«

Mascha und Josef machten sich auf die Reise: europäisch gekleidet, Lederschuhe an den Füßen und Lederkoffer in der Hand. Mascha hatte außerdem noch eine zu ihren Kleidern passende Handtasche. Beide sprachen flüssig Russisch, hoben sich aber dennoch von anderen Flüchtlingen ab. Am Ziel, in Alma-Ata, wurden sie als Bourgeois beschimpft. Ihr sowjetischer Pass rettete Mascha und Josef das Leben, aber das Land, in das sie gerieten, war ihnen vollkommen fremd.[1]

Auch die Mutter von Anatoli Tschubais, dem Hauptarchitekten der Privatisierung der russischen Wirtschaft nach dem Zusammenbruch der Sowjetunion, floh gleich am ersten Tag des Krieges, dem 22. Juni 1941, aus Litauen, wo ihr Mann Kommissar, Politruk, einer Panzerdivision war.[2] Das Verhalten ihrer litauischen Nachbarn war über Nacht in Feindseligkeit umgeschlagen. Ihren sowjetischen Pass schwenkend, gelangte sie schließlich auf ein Lastauto, das sie, bedrängt von Jagdbombern, über die Memel brachte. Einen Zug bestieg sie in Lettland in der Stadt Dünaburg (Daugavpils), die am 26. Juni von den Deutschen erobert wurde. In einer Ecke desselben Viehwagons saß eine Familie: Mann, Frau und zwei Kinder. »Ich erkenne an ihrem Äußeren, den Gesichtern und der Kleidung, dass sie nicht aus der Sowjetunion kommen. Es sind lettische Juden. Sie sind furchtbar verängstigt, schweigen, und als ich sie frage, wohin sie fahren, antworten sie mit deut-

Das europäische Ehepaar Mascha und Josef Jungman 1938 in Riga

lichem Akzent: nach Leningrad«, erzählte Anatoli Tschubais' Mutter.

Der mit Baumästen getarnte Zug brachte Tschubais' Mutter schließlich über Minsk nach Moskau. »Wir fuhren nachts und standen tagsüber im Wald. Die ganze Reise war eine einzige große Tarnung.« Als der Zug schließlich am Kursker Bahnhof in Moskau ankam, erkundigte sie sich nach der Endstation des Zuges und bekam die Antwort: »Wohin dieser Zug fährt, ist nicht bekannt, klar ist nur, dass er sehr weit fort fährt, tief ins Innere Russlands.«[3]

Die Stimmung in Maschas und Josefs Zug dürfte ähnlich gewesen sein. Die Reise führte sie anfangs in Richtung Leningrad. Das Ziel war unbekannt. Dennoch schaffte es die Sowjetunion, in der chaotischen Anfangsphase des Krieges eine große Menge an Industrie und staatlichen Institutionen sowie deren Mitarbeiter zu evakuieren. Zweiter stellvertretender Vorsitzender der Evakuierungskommission, die zwei Tage nach dem deutschen Angriff gegründet wurde, war Alexej Kossygin, der spätere Ministerpräsident der Sowjetunion.

Bis zum November 1941 evakuierte die Sowjetunion zwölf Millionen Menschen aus den westlichen Landesteilen. Darunter befanden sich etwa eine Million »Ostjuden«, die innerhalb der Grenzen von 1939 gelebt hatten. Nur etwa 200 000, also 10–12 Prozent aller »Westjuden«, konnten aus dem besetzten Polen und den baltischen Ländern fliehen. Ihre Reise führte sie tief ins Hinterland, hinter den Ural nach Sibirien sowie nach Kasachstan und Mittelasien.[4]

Den Juden aus dem Baltikum kamen ihre Russischkenntnisse zupass, die besser waren als zum Beispiel die der polnischen Aussiedler. Weder die Flüchtlinge aus Polen noch die aus dem Baltikum konnten wissen, dass nur zehn Jahre zuvor ein Drittel der Bevölkerung Kasachstans infolge der Zwangskollektivierung verhungert war. Snyder zufolge wussten die nach Kasachstan Evakuierten auch kaum, was ein »Kulak« war, die vorige Bevölkerungsgruppe, die sich in den kasachischen Steppen wiedergefunden hatte.[5] Nach Kasachstan wurden auch die Wolgadeutschen deportiert. Snyder vergleicht die Verschleppung von 400 000 Wolgadeutschen, das Tempo sowie die Länge ihrer Reise mit den von den Deutschen vorgenommenen chaotischen Bevölkerungsverschiebungen und hält Stalins Leistung in logistischer Hinsicht für unübertroffen.[6] Nach einem Bericht des KGB-Chefs Wiktor Tschebrikow von 1988 wurden insgesamt 815 000 »Sowjetdeutsche« deportiert.[7]

Tief ins Hinterland

Wie lange Maschas und Josefs Reise dauerte und warum sie nach Alma-Ata (heute Almaty) gerieten und nicht zum Beispiel nach Taschkent, lässt sich nicht mehr klären. Nach sowjetischem Maßstab waren diese beiden Städte benachbart. Es bestand sowohl eine Bahn-, als auch eine Straßenverbindung, und die Entfernung zwischen den beiden Städten betrug nur etwa 900 Kilometer.

Die mehrwöchige, ja vielleicht sogar einen Monat dauernde Reise war unter den Umständen des Sommers 1941 nichts Ungewöhnliches. Vom Kasaner Bahnhof in Moskau starteten die Züge an die Wolga nach Kuibyschew (Samara); dorthin wurden die Führung des Landes sowie das diplomatische Korps evakuiert. Vom Kasaner Bahnhof starteten Transporte auch in den Ural sowie über die im Jahr 1906 fertiggestellte Trans-Aral-Bahn nach Kasachstan und Mittelasien. Die transuralischen Gebiete sollten ursprünglich nicht Zielgebiet der Evakuierung werden, aber der Zusammenbruch der Front änderte die Pläne. Die Züge fuhren über das südlich des Urals gelegene Tschkalow (heute Orenburg) zu den beiden großen Evakuierungszentren; von diesen beiden war Taschkent größer als Almá-Atá und konnte mehr Flüchtlinge (ca. 150 000) aufnehmen. In beiden Städten bildeten damals noch die Russen die Mehrheit der Bevölkerung.

Taschkent zog die halb verhungerten Flüchtlinge auch als Stadt an. Alle kannten das Kinderbuch ›Taschkent, die Brotstadt‹ von Alexander Newerow, das 1923 erschienen war.[1] Es erzählt von der Reise eines zwölfjährigen Jungen, der vor dem Hunger von der Wolga nach Taschkent flüchtet. Das Buch war ins Polnische und ins Jiddische übersetzt worden, sodass auch die Flüchtlinge aus Polen und den baltischen Ländern es kannten.[2] Hier sei angemerkt, dass Stalin Leo Trotzki im Jahr 1928 nach Alma-Ata deportieren ließ; von dort ging Trotzki im darauffolgenden Jahr ins türkische Exil.

Alma-Ata wurde besonders als Filmstadt bekannt. Das sonnige Festlandsklima in 1000 Meter Höhe erlaubte es, unter freiem Himmel zu drehen, sodass keine teuren Studiokonstruktionen errichtet zu werden brauchten. Sowohl Mosfilm als auch Lenfilm wurden nach Alma-Ata verlegt. Die vereinigten Filmstudios produzierten in den Kriegsjahren zwanzig Filme in voller Spielfilmlänge. Der aus Riga stammende Sergej Eisenstein drehte in der Stadt seinen Film ›Iwan der Schreckliche‹, dessen erster Teil im Jahr 1945 uraufgeführt wurde. Der zweite Teil gefiel Stalin jedoch nicht, sodass er erst 1958 gezeigt wurde.

In die Stadt wurden auch viele namhafte Musiker und Schriftsteller umgesiedelt, von denen der Bekannteste der Satiriker Michail Soschtschenko aus Leningrad war. Ihn lernte Josef persönlich kennen. Zuvor aber mussten Mascha und Josef Wassermelonen auf den Feldern eines Kolchos ernten.

Die Ankunft in Alma-Ata war ein Schock. Das Ehepaar in seinen europäischen Kleidern und mit seinen ledernen Handtaschen und Koffern wurde in der Straßenbahn schikaniert. An der Haltestelle ließ man sie nicht aussteigen, und sie wurden als Bourgeois beschimpft, die sich hier aufdrängten. Aber Mascha und Josef, die im letzten Moment aus Riga geflohen waren, hatten keine anderen Kleider. In dem fernen Kolchos sich einzuleben war nicht leicht für sie, aber der Empfang war dort schon besser. Die Menschen waren offen und neugierig, wenn auch sehr unwissend. Für sie waren die jüdischen Flüchtlinge Fremdkörper. Die Arbeit war schwer, doch das Ehepaar lernte schnell, wie man Wassermelonen erntet. Auch waren die süßen Melonen eine willkommene Ergänzung der kargen Nahrung. Eine Frau aus dem Kolchos brachte Mascha bei, wie man aus Brennnesseln Suppe zubereitet, das war eine zusätzliche vitaminhaltige und schmackhafte Kost.

Mascha und Josef in einem kasachischen Kolchos – das erinnert an die Geschichte der jüdischen Flüchtlinge aus Österreich, die zu Beginn des Fortsetzungskrieges in das finnische Dorf Lammi gebracht wurden. Auch sie kamen aus einer völlig anderen Welt. »Die Flüchtlinge waren in dem Dorf Fremdkörper. Es waren hochgebildete und kultivierte Leute, die in Anzug und Krawatte die Dorfstraße entlangspazierten. Bei den landwirtschaftlichen Arbeiten stellten sie keinerlei Hilfe dar.«[3] Die Lebensumstände der jüdischen Flüchtlinge während der Kriegszeit in Finnland waren schwieriger als das Dorfidyll von Lammi, wie Rony Smolar und andere notiert haben. Die Arbeitslager Nordfinnlands in unmittelbarer Nähe der deutschen Truppen oder in der Isolierung auf der Insel Suursaari, heute russisch unter dem Namen Gogland, waren praktisch Gefangenenlager.[4]

Irgendwann konnten Mascha und Josef den Kolchos endlich verlassen, sie kamen zurück nach Alma-Ata, und das Leben veränderte sich. Allmählich erlernten sie auch die sowjetischen Sitten. In Alma-Ata hatten Mascha und Josef auch bucharische Juden kennengelernt, einen uralten Stamm, dessen Wurzeln bis nach Babylonien zurückreichten. Marco Polo erwähnt in seinem Tagebuch Juden aus Mittelasien, die »bucharische Juden« genannt werden. In den Büchern des Zarenreichs liefen sie unter der Bezeichnung »fremdländische Juden«. Maschas Tochter Lena vermutet, dass die »Westlichkeit« und der unsowjetische Stil ihrer Eltern bei den bucharischen Juden, die ihren Teil an den sowjetischen Verfolgungen erlebt hatten, möglicherweise Vertrauen erweckte. Sie erboten sich, Mascha und Josef zu helfen. Irgendwann wurde ihnen angeboten, über die Grenze in den Iran und von dort weiter nach Palästina zu fliehen. Mascha wäre dazu bereit gewesen, aber Josef nicht.

Die bucharischen Juden lebten in den großen Städten Usbekistans Taschkent, Samarkand und Buchara und sprachen Jüdisch-Tadschikisch, eine spezielle Form des Farsi, also des Persischen. Sie hatten Kontakte und verwandtschaftliche Beziehungen zu den Juden im Iran. Die bucharischen Juden, die 2000 Jahre isoliert von den anderen Juden gelebt hatten, befanden sich unter denjenigen, die in den 1880er-Jahren mit der ersten Alija[5] nach Palästina einwanderten.

Die Reise zur iranischen Grenze war lang. Die beschwerliche Route über die Bergpfade erforderte lokale Führer, was große Risiken bedeutete. Während der Kriegsjahre flüchteten Juden aus Kasachstan und Mittelasien auf diesem Weg in den Iran und von dort weiter nach Palästina. In Lenas Haus in Tel Aviv wohnt eine bucharisch-jüdische Familie, deren Großeltern im Krieg auf diese Weise nach Palästina gelangt waren.

Eine andere Möglichkeit wäre es theoretisch gewesen, zusammen mit den Polen in den Iran zu gehen, denen Stalin nach dem deutschen Angriff erlaubt hatte, das Land zu verlassen. Wie Lena erklärte, hatten ihre Eltern jedoch keine polnischen Kontakte. Mascha und Josef waren Bürger der Sowjetunion, nicht Polens.[6]

Nach seiner Rückkehr nach Alma-Ata bekam Josef eine Anstellung als Geiger beim kasachischen Sinfonieorchester. Die Atmosphäre war ihm vertraut, und er lebte auf, wenn er die Geige in die Hand nahm. Anfangs wohnten Mascha und Josef in einem Wohnheim. Aber bald fanden sie ein Haus, das sie sich mit der Familie des Kiewer Geigers Alexander Pikaisen sowie mit einer dritten Familie teilten.

Aus Pikaisens Sohn Wiktor Pikaizen, Jahrgang 1933, wurde später ein weltberühmter Violinist[7], und Mascha erinnerte sich oft an seinen strengen Vater Alexander Pikaisen. Als Wiktor noch keine zehn Jahre alt war, musste er schon drei Stunden täglich Geige üben. Manchmal, wenn Mascha, die Musikpädagogin, Wiktors Üben überwachte, ließ sie den Jungen zwischendurch Ball spielen. Das hat Wiktor ihr nie vergessen. Die Familien freundeten sich an, und wenn Wiktor in Riga gastierte, kam er immer »Tante Mascha« besuchen. Alexander Pikaisen machte Josef klar, dass er sein im Koffer verstecktes Diplom der Staatlichen Hochschule für Musik in Berlin vernichten musste und dass er über sein Studium in Deutschland nicht sprechen durfte. Das war lebensgefährlich. Schweren Herzens verbrannte Josef das Diplom.

Von den aus Leningrad evakuierten Schriftstellern waren Anna Achmatowa und Michail Soschtschenko die bekanntesten. Achmatowa kam nach Taschkent und Soschtschenko nach Alma-Ata. Soschtschenko hatte sich bei Ausbruch des Krieges als Freiwilliger an die Front gemeldet, aber der 47-jährige Schriftsteller wurde aus gesundheitlichen Gründen abgelehnt und bekam 1941 den Evakuierungsbefehl.[8] Soschtschenko hatte sich als junger Offizier im Ersten Weltkrieg hervorgetan. Bei einem Gasangriff war er verwundet worden und hatte seither Probleme mit dem Herzen. Deshalb bereitete ihm das Leben in 1000 Metern Höhe manchmal Schwierigkeiten.

Soschtschenko, der sich als Satiriker einen Namen gemacht hatte, arbeitete in Alma-Ata beim Mosfilm-Studio. Sein Hauptwerk ›Schlüssel des Glücks‹ (ursprünglicher Titel ›Vor Sonnenaufgang‹) schrieb er in Alma-Ata. Das Buch geriet jedoch in die Fänge des für Kultur verantwortlichen Sekretärs des Zentralkomitees der Partei Andrej Schdanow, und so wurde die Veröffentlichung 1946 verhindert. Es erschien erst 1968 in den USA und 1987 schließlich auch in der Sowjetunion. Das Buch ist eine Sammlung kleiner, feinfühliger Essays über das Leben vor der Revolution, von der Front des Ersten Weltkriegs sowie über den sowjetischen Alltag. Doch es ist auch eine Schilderung von Soschtschenkos Depression und seinem Versuch, mit den Mitteln der Psychoanalyse die Bedeutung des Unterbewusstseins zu klären. Man kann sich gut vorstellen, dass das Buch in der Atmosphäre der *Schdanowschtschina*, der Verfolgung der

Kultur unter Stalin, der Partei nicht gefiel. Soschtschenko selbst vermutete, dass er bei Stalin in Ungnade gefallen war wegen einer Geschichte über Lenin, in der eine gewisse grobe Gestalt mit Schnurrbart an Stalin erinnert.[9] Schdanows Grimm richtete sich ebenso gegen die Dichterin Anna Achmatowa, und er äußerte sich über beide mit groben Worten. Außerdem behauptete er, Soschtschenko drücke sich im Hinterland vor dem Militärdienst. Diese Behauptung passte zum Zeitgeist. Zumal Taschkent hatte den Ruf einer Stadt im Hinterland, wo viele Menschen hinwollten, um sich vor dem Kriegsdienst an der Front zu drücken. Der Film ›Die Kraniche ziehen‹, der 1958 in Cannes die Goldene Palme gewann, ist ein Kriegsfilm, der sich in vielerlei Hinsicht von den neurussischen pathetischen Kriegsfilmen unterscheidet. Es ist eine Geschichte von Liebe und Treue. Die moralische Missbilligung des Films richtet sich gegen einen Bürokraten in einer Lazarettstadt des Hinterlands, der in Taschkent gegen Geld die Befreiung vom Kriegsdienst anbietet.

Solschenizyn erwähnt Gerüchte aus der Kriegszeit über die Feigheit der Juden: »Die Juden haben im Sturm Alma-Ata und Taschkent erobert« oder »Wir sind an der Front und die Juden in Taschkent«. Er widerlegt sie mithilfe von Statistiken. Solschenizyn zufolge verteilten sich die mit Tapferkeitsmedaillen ausgezeichneten Soldaten auf die einzelnen Nationalitäten im Verhältnis zu deren Bevölkerungszahlen. An der Spitze standen Russen, Ukrainer, Weißrussen und Tataren sowie an fünfter Stelle die Juden.[10]

Josef lernte Soschtschenko kennen und unterhielt sich viel mit ihm. Soschtschenko wirkte still und verschlossen, ja sogar finster, obwohl er mit seinen satirischen Meisterwerken die ganze Sowjetunion zum Lachen gebracht hatte. Später erinnerte sich Josef oft an den Schriftsteller, der bescheiden und zurückgezogen lebte, sich aber manchmal dem Trunk ergab. Ihn interessierte besonders das Leben in Lettland vor dem Krieg, zu dem er in seinem knappen Stil feinfühlig und präzis Fragen zu stellen verstand, die große Sachkenntnis offenbarten.

Die Rote Armee gründete im August 1941 die 201. lettische Scharfschützendivision, aus der im Oktober 1942 die 43. lettische Scharfschützendivision der Garde wurde. Nach Angaben von Solschenizyn dienten in den nationalen baltischen Divisionen etwa 6000 oder 7000 Juden.[11] Josef bekam den Gestellungsbefehl zum Jahreswechsel 1942/43. Deswegen zogen er und Mascha von Alma-Ata nach Iwánowo nordöstlich von Moskau. In dieser Division war im Jahr 1942 das »Staatliche Künstlerensemble der lettischen SSR«[12] gegründet worden, dem zahlreiche evakuierte lettische Musiker und Sänger angehörten.

Als die 43. Gardedivision im Herbst 1944 die lettische Grenze überschritt, wurde sie von einem Orchester begrüßt, das lettische Volkslieder[13] spielte. Vermutlich nahm auch Josef mit seiner Geige an dieser klassischen Sowjetinszenierung teil. Während die Rote Armee sich im Herbst 1939 anschickte, Finnland zu besetzen, bekam Dmitri Schostakowitsch vom Leningrader Parteichef Andrej Schdanow den Auftrag, einen Zyklus finnischer Volkslieder zu komponieren, die bei den Abendveranstaltungen der Roten Armee und der »befreiten« finnischen Arbeiter und Bauern gespielt werden sollten. Es kam jedoch anders, und Schostakowitschs Komposition ›Suite über finnische Themen‹ (sieben Bearbeitungen finnischer Volkslieder) erlebte ihre Uraufführung erst 2001 auf dem Volksmusikfestival in Kaustinen. Meine Frau Kaisa und ich waren dabei zugegen sowie als Ehrengast Schostakowitschs Witwe Irina Schostakowitsch.[14]

In Iwanowo wurde Mascha schwanger. Das wurde ihr erst klar, als sie einmal vor Hunger für all ihre Brotkarten einen Hering kaufte, den sie noch an Ort und Stelle verschlang. Eine verblüffte alte Frau aus dem Kolchos rief der gierigen Esserin zu: »Frau, du bist ja schwanger!« Der Termin sollte August-September sein, und Mascha war im vierten Monat. Mascha und

Josef zogen eine Abtreibung in Betracht, hörten aber auf den Rat des Arztes, dass sie das nicht tun sollten, jetzt, da so viele Menschen starben. Die 43. lettische Gardescharfschützendivision der dritten baltischen Front befreite Riga am 13. Oktober 1944. Die 180 000 Mann der in Kurland eingekesselten Heeresgruppe Kurland, darunter 42 Generäle, ergaben sich im Mai 1945.

Rückkehr ins leere Riga

Nach gut drei Jahren Abwesenheit kehrten die schwangere Mascha und Josef im Oktober 1944 nach Riga zurück. Die Stadt hatte den Krieg mit relativ geringen Schäden überstanden. Anderswo in Lettland waren die Zerstörungen wegen der Kriegshandlungen größer. Insgesamt verlor Lettland infolge des Krieges etwa ein Drittel seiner Bevölkerung.

Der Straßenbahnverkehr kam schon im Oktober 1944, also gleich nach der Befreiung der Stadt, wieder in Gang. Zwei Jahre später erschienen im Stadtbild die Trolleybusse, aber die Versorgung mit Strom blieb unsicher, und die Stromsperren dauerten bis 1955. Bei ihrem Rückzug hatten die Deutschen das Wasserkraftwerk von Kegums an der Düna (lettisch *Daugava*) gesprengt; im November 1947 wurde es wieder in Betrieb genommen.[1] Das Vorkriegsniveau der Telefondichte wurde erst im Jahr 1960 wieder erreicht.[2]

Die Stadt war leer, und die Details der Tragödie offenbarten sich Mascha und Josef erst ganz allmählich. Sie beide waren während der Kriegsjahre von allen Nachrichten abgeschnitten gewesen und wussten nichts von dem, was zu Hause geschehen war.

Die Veröffentlichung des von Ilja Ehrenburg und Wassili Grossman aufgrund von Augenzeugenberichten zusammengestellten ›Schwarzbuchs‹ war 1948 verboten worden. Die Druckplatten wurden vernichtet und das Manuskript beschlagnahmt. Aber »Manuskripte brennen nicht«[3], Kopien davon waren in Sicherheit. Die Familie Tukatsier hatte in der Gertrudstraße gewohnt. Diese Straße wird in dem Buch zweimal erwähnt, zuerst im Zusammenhang mit den Grausamkeiten vom Sommer 1941, als ein Trupp SS-Leute Kinder »vom Dach eines sechsstöckigen Hauses« warf. Und unter Oktober 1944 werden »die leeren Wohnungen«[4] in dieser Straße erwähnt.

Nach den Angaben in dem erhalten gebliebenen Hausbuch des Jugendstilhauses in der Gertrudstraße, das Maschas Mutter geerbt hatte, war die ganze Familie Tukatsier am 21. Juli 1941 mit dem Eintrag »unbekannt verzogen« aus den Büchern getilgt worden. Der Eintrag ist schwer zu deuten, denn Abram Tukatsier wurde Anfang Juli ermordet, und seine Frau und die drei Töchter kamen ins Getto, das jedoch erst am 23. Oktober 1944 gegründet wurde. Davor, Anfang September, erging die Verfügung, dass Juden auf der Brust einen gelben Stern zu tragen hätten. Ihnen wurde die Benutzung der öffentlichen Verkehrsmittel und der Bürgersteige verboten. Auch dem Schulbesuch der Kinder wurde ein Ende gesetzt.

Der Hausmeister führte ein Hausbuch, und oft hing das Schicksal der Hausbewohner von ihm ab. Die Hausmeister kannten die Bewohner, und manche beteiligten sich auch an der Plünderung der Wohnungen. Riga war von allen Städten, die die Deutschen im Osten besetzt hatten, die reichste. Max Kaufmann, der seinen Sohn verlor, selbst jedoch überlebte, putzte die Wohnung des Wehrmachtskommandanten Generalmajor Bamberg in Riga. Er berichtete, was für ein Gefühl es war, die eigenen gestohlenen Perserteppiche zu säubern, die die Privatwohnung des Generals zierten. Kaufmann benennt auch einen lettischen Künstler, der den Besatzern jüdische Wohnungen zeigte, die zu plündern sich lohnte.[5]

Ein anderer Hausmeister rettete Valentina Freimane das Leben, die sich drei Jahre im Untergrund in Riga und Kurland versteckt hielt, indem er sie im Hausbuch als »ins Ghetto verzogen« vermerkte. Hausmeister von Maschas Haus war Stanisław, ein Mann polnischer Abstammung, der allen Besatzern diente. Er war der böse Geist des Hauses. Als Mascha und Josef im Herbst 1944 nach Riga zurückkehrten und in das Haus von Maschas Eltern einzogen, bemerkte Mascha, dass Stanisław seinen Ofen mit den Gebetsbüchern ihres Vaters heizte. Gehässig sagte er zu Mascha: »Na, Maschenka, nun sag mir doch mal, wer jetzt der Herr dieses Hauses ist.«

Mascha und Josef bezogen die geräumige Wohnung von Maschas Kindheit, in der es sechs Zimmer und eine Dienstbotenkammer gab. In dieser Wohnung hatte auch meine Mutter Feige (laut Hausbüchern Feigu Fanija) in

Das Haus von Maschas Mutter in Riga in den 1930er-Jahren

der Zeit vom 15. Februar bis zum 24. April 1937 gewohnt. Nach Angaben von Maschas Tochter Lena erwies es sich im Nachhinein als schwerer Fehler, dass sie diese Wohnung bezogen hatten. Sie war zu groß, und im Zuge der »Verdichtung« wurde daraus eine *kommunálka*, das heißt eine Mehrparteienwohnung, in der Maschas Familie drei Zimmer blieben. Da sie unter den ersten waren, die in das leere Riga zurückkehrten, hätten sie leicht eine kleinere, sogar eine Dreizimmerwohnung gefunden, und die *kommunalka* wäre ihnen erspart geblieben, aber das war ihnen als neuen Sowjetbürgern im Jahr 1944 noch nicht klar.

Schließlich zog die Familie 1963 in einen Plattenbau, eine sogenannte *chruschtschowka*.[6] Der Hauptgrund für diesen Auszug war der Hausmeister Stanisław, den Mascha wegen seiner Rolle als Denunziant verabscheute. Mehr als 30 Jahre später, im Jahr 1996, bekam Lena nach einem Prozess, der vier Jahre gedauert hatte, das Haus ihrer Großmutter zurück: vom lettischen Staat als Restitution, das heißt als Rückgabe beschlagnahmten Eigentums.

Von den schätzungsweise 95 000 Juden, die in Lettland ansässig gewesen waren, überlebten nur etwa 5000. 4000 waren ins Innere der Sowjetunion geflohen und kehrten irgendwann zurück. Rund 1000 überlebten im Untergrund oder in Konzentrationslagern. Von den aus den Lagern freigekommenen kehrte nur ein Teil nach Lettland zurück, viele gingen nach Palästina oder in die USA.

Eine von denjenigen, die das Konzentrationslager überlebten, war Maschas 1921 geborene Cousine Raja, die Enkelin des ältesten Bruders von Maschas Vater, Berl Tukatsier. Sie hatte als Weberin in der Tuchfabrik Lenta in Riga gearbeitet. Zusammen mit anderen Arbeitshäftlingen wurde sie in der Endphase des Krieges ins KZ Stutthof bei Danzig (Gdańsk) gebracht, aus dem sie schließlich befreit wurde. Sie kehrte nach Riga zurück, obwohl sich ihr die Möglichkeit bot, in die Vereinigten Staaten zu gehen. Cousine Raja ist ein Beispiel für die in den Konzentrationslagern praktizierte »Selektion«, bei der die gesunden und arbeitsfähigen Personen zu produktiver Arbeit geschickt wurden. Ein Teil von ihnen überlebte. Bei ihrer Befreiung wog Raja weniger als 40 Kilo und litt an Skorbut. Mascha stand ihr zur Seite und unterstützte sie im Lauf der Jahre in vielerlei Weise. Mit ihren Kindern emigrierte Raja zwei Jahre vor den Jungmans nach Israel.

Im Januar 1945 bestanden in Riga noch Ausgangsbeschränkungen. Wenn eine Sirene ertönte, musste man die Straße verlassen. Mascha, die kurz vor ihrer Niederkunft stand, betrat ein Geschäft, als sie die Alarmsirene hörte. Zwei lettische Ladengehilfen kommentierten Maschas großen Bauch: »Guck dir die an, die wurden umgebracht, und schon vermehren sie sich wieder.«[7] Das bestärkte Mascha in ihrem Entschluss, dieses Land zu verlassen. Wie Lena berichtete, war Mascha und Josef schon kurz nach ihrer Rückkehr nach Riga die Möglichkeit angeboten worden, über das Meer nach Schweden zu fliehen. Mascha, obwohl hochschwanger, war auch jetzt dazu bereit, aber Josef nicht.

Lena wurde im Februar geboren und war, soweit bekannt, das erste nach dem Krieg in Riga geborene jüdische Kind. Sie erzählte, dass man sich in der Familie oft an diese Fluchtmöglichkeit erinnerte. Wie wahrscheinlich das Gelingen einer solchen Flucht gewesen wäre, lässt sich jedoch nicht mehr verifizieren. Der Krieg war noch nicht zu Ende. Aus Lettland und Estland flüchteten Menschen in großer Zahl über das Meer nach Deutschland und Schweden. Aber man kann sich nur schwer vorstellen, dass ein jüdisches Ehepaar sicher durch die Front an die Küste Kurlands und von dort über das Meer nach Gotland oder auf das schwedische Festland hätte gelangen können. Der Kurland-Kessel ergab sich erst im Mai 1945. Insgesamt flohen etwa 140 000 Letten (und 75 000 Esten) vor der Roten Armee, die meisten auf dem Landweg nach Deutschland und etwa 5000 Letten über das Meer nach Schweden. Unter den lettischen Flüchtlingen befanden sich 167 Personen, die bei der Waffen-SS gedient hatten und die nach innenpolitischem Streit von den Schweden in die Sowjetunion zurückgeschickt wurden (Baltenauslieferung, schwedisch *baltutlämningen*).[8]

Im Herbst 1944 war die Flucht über die Ostsee gefährlich. Die Deutschen erlaubten Evakuierungen nur nach Deutschland, und nach der mit Finnland im September vereinbarten Waffenruhe operierte die sowjetische Flotte wieder auf der Ostsee. Die Verminung des Finnischen Meerbusens war beseitigt, das U-Boot-Netz gekappt worden, und U-Boote der sowjetischen Flotte nutzten Turku und Hanko als Stützpunkte. Die »Wilhelm Gustloff«, die im Januar 1945 mit deutschen Flüchtlingen an Bord in Gdingen (Gdynia) abgelegt hatte, wurde vor der pommerschen Küste torpediert. Diese Schiffsversenkung durch ein S-13-U-Boot der Stalinez-Klasse der sowjetischen Ostseeflotte, das von Turku aus gestartet war, ist die größte Schiffskatastrophe in der Geschichte: Sie forderte etwa 9000 Menschenleben.[9]

Die Führung der Roten Armee, die Riga befreit hatte, schenkte den Informationen über die Massenvernichtung der Juden anfangs keinen Glauben. Nach Angaben von Bernhard Press trugen 152 Juden ihren Namen in eine Liste Geretteter ein, die in einer leeren Rigaer Schule auslag. Der sowjetische Geheimdienst NKWD (der spätere KGB) bestellte die meisten von ihnen zum Verhör, um zu klären, wie sie überlebt hatten, was nach der Logik der Tschekisten, wie man sie nach dem ursprünglichen Namen der russischen Staatssicherheit immer noch nannte, schon an sich verdächtig war. Anfangsverdacht war die Annahme, diese Menschen hätten mit den Deutschen kollaboriert.[10] Mascha und Josef kannten Bernhard Press schon in Riga, und später begegneten sie sich in Israel und in West-Berlin wieder.

Die Wohnung der Jungmans in der Gertrudstraße wurde ein Treffpunkt der nach Riga zurückkehrenden Juden. Beim Anblick der rothaarigen, sonnigen kleinen Lena rief jemand auf Hebräisch aus: *Am Yisrael Chai* (das Volk Israel lebt)!

Die Wohnung von Maschas Eltern war in gutem Zustand. Sogar der wertvolle Blüthner-Flügel stand noch an seinem Platz, ebenso ein großer Teil der Möbel. In der Wohnung fanden sich auch Papiere und Fotos der Familie. Offenbar hatten dort kultivierte Deutsche gewohnt. Bernhard Press berichtet von zwei deutschen Offizieren, denen 1941 die Wohnung einer jüdischen Familie als Quartier zugewiesen wurde. Die Offiziere weigerten sich, die Bewohner wie Dienerschaft herumzukommandieren, wie es zum Stil gehört hätte. Stattdessen nahmen sie sie zu »Hausgehilfen« und zahlten ihnen Lohn.[11]

Nicht mehr klären lässt sich, wo Maschas Mutter und ihre Schwestern in der Zeit zwischen Juli und Oktober 1941 wohnten, bevor sie ins Getto gesperrt wurden. Vermutlich blieben auch sie in der Wohnung und bedienten die Deutschen, die sich dort einquartiert hatten. Wie sie in ihrem eigenen Zuhause behandelt wurden und was sie in diesen Monaten durchgemacht haben – darüber kann man nur Vermutungen anstellen.

Das Schicksal der Juden wurde für Stalin eine ungelöste ideologische und machtpolitische Frage. Es ließ sich nicht einfach zu einem Teil des Großen Vaterländischen Krieges reduzieren, und der Holocaust konnte nicht zu einem Teil der Kriegsgeschichte der Sowjetunion werden. Auch Sowjetbürger hatten den Deutschen bei den Massenhinrichtungen von Juden geholfen. Die Deutschen töteten mehr Juden als Russen, Ukrainer und weißrussische Zivilisten zusammengenommen. Die Gesamtzahl der getöteten Juden war ein Staatsgeheimnis. Stalin wollte nicht die Menge der ermordeten Juden, sondern die Gesamtzahl der getöteten Sowjetbürger in den Vordergrund stellen.

Die deutschen Streitkräfte waren zahlenmäßig groß, die Besatzungstruppen und -behörden jedoch klein, sodass Kollaborateure dringend gebraucht wurden. Die Wachmannschaften der Konzentrationslager auf dem Gebiet Polens wurden hauptsächlich aus der Ukraine rekrutiert. Der Mythos vom heldenhaften Widerstand des Sowjetvolkes ließ solcherart Brüche nicht zu. Für Stalin war es auch wichtig, die Assoziation zu vermeiden, die Sowjetunion sei ein jüdischer Staat. In Bezug auf das Baltikum wurde die Sache noch komplizierter dadurch, dass die drei aufeinanderfolgenden Besetzungen (zuerst durch die Rote Armee, dann durch die deutsche Wehrmacht und zuletzt erneut durch die sowjetischen Truppen) schlimmer waren als allein die deutsche Besetzung. Das konnte Moskau nicht zugeben. Außerdem dauerte die erste sowjetische Besatzung nur ein Jahr, und deswegen konnte man die Balten nicht als »friedfertige Sowjetbürger« bezeichnen, was zum Beispiel Mascha und Josef – unter dem Druck der Verhältnisse – dennoch waren, hatte der sowjetische Pass ihnen doch das Leben gerettet.

Die Tilgung des Aufstands im Warschauer Getto aus der sowjetischen Geschichte ist zweifellos eine Geschichtsfälschung, die ihresgleichen sucht. Handelte es sich dabei doch um das wichtigste Beispiel für bewaffneten jüdischen Widerstand. Die Kategorisierung des Holocaust als lediglich eine Einzelerscheinung des Faschismus unter anderen war zynischer Kulturrelativismus.

In Lettland war das Leben so trostlos wie überall in der Sowjetunion. Die Währungsreform von 1947 vernichtete einen beträchtlichen Teil der Ersparnisse der Menschen.[12] Die »freiwillige« Zeichnung von Staatsobligationen bedeutete praktisch eine zusätzliche Steuer von zehn Prozent. Als es in den Jahren 1946–1947 in der Ukraine und in Moldawien eine Hungersnot gab, wirkte sich das auch auf die baltischen Länder aus: Von Lettland wurde die Übererfüllung des Solls bei der Getreideproduktion verlangt. Gleichzeitig exportierte Stalins Sowjetunion Getreide unter anderem nach Finnland und Frankreich.[13]

Im Jahr 1946 täuschten die sowjetischen Behörden mit ihren Plänen zur Landwirtschaft die Letten ebenso wie schon Wyschinski 1940. Sie sprachen von »Kooperativen«, also von genossenschaftlichen Gütern, obwohl der Beschluss über die Kollektivierung, also die Gründung von Kolchosen, bereits gefasst war. Viele Letten fühlten sich durch die Rückkehr zu einem Großgrundbesitz anderen Typs mit seinen strengen Beschränkungen an die Leibeigenschaft erinnert.[14] Nach einem ironischen russischen Wortspiel aus den 1930er-Jahren sollte man die russischsprachige Abkürzung WKP (B) für *Wsesojusnaja Kommunistitscheskaja Partija (Bolschewiki)* (Kommunistische Allunionspartei (B)) als *Wtoroje Krepostnoje Prawo (B)*, also als »Zweite Leibeigenschaft (Bolschewiki)«[15] lesen. Die Bauern des Baltikums, die in Kolchosen gezwungen worden waren, bekamen einen Personalausweis, einen (Inlands-)Pass, der ihnen mehr Bewegungsfreiheit erlaubte, als es sie anderswo in der Sowjetunion gab.

Die zweite große Verschleppungsaktion des sowjetischen Staatssicherheitsministeriums MGB[16] mit dem Codenamen »Brandung« wurde im März 1949 gleichzeitig und ohne jede Vorwarnung in allen baltischen Sowjetrepubliken durchgeführt. Insgesamt wurden 42 000 lettische »Kulaken, Banditen und Nationalisten«[17] nach West- und Ostsibirien deportiert.

Die Deportation war Teil der Absicherung der beginnenden Zwangskollektivierung sowie des Kampfes gegen die »Waldbrüder«. Als Waldbrüder wurden in Estland, Lettland und Litauen die Kämpfer bezeichnet, die nach der Besetzung ihrer Länder durch die Rote Armee in den 1940er-Jahren Widerstand gegen die Sowjetmacht leisteten und sich in den Wäldern versteckten. Die Waldbrüder stützten sich auf die Landbevölkerung, deren Widerstand durch Deportation und Zwangskollektivierung gebrochen wurde. Am längsten dauerte der Kampf der Waldbrüder in Litauen und Estland. Auch in der Westukraine wurde gegen die Sowjetmacht heftiger Widerstand geleistet.[18]

Die Nachkriegsjahre waren für Mascha und Josef die allersowjetischste Zeit. Das leere und arme Riga nahm sie gut auf. Beide bekamen sofort Arbeit. Schnell und leicht integrierten sie sich in die vertraute, wiedererwachende Musikwelt Rigas, in der sie wohl auch Privilegien genossen, wie sie sowjetischen Künstlern gewährt wurden. Im Mai 1945 wurde am lettischen Konservatorium die Emīla-Darziņa-Musikschule gegründet, die sich zur wichtigsten Ausbildungsstätte für klassische Musik in Lettland entwickelte. In einem Buch über die Geschichte der Schule von 2005 wird erwähnt, dass Josef Jungman in den Jahren 1945–1950 am Konservatorium und an der Schule gearbeitet hat. Warum er die Schule verlassen musste, geht aus dem Text nicht hervor. Mascha ihrerseits bekam eine Stelle als Klavierlehrerin in der Jāzeps-Mediņš-Musikschule.

Josef unterrichtete Geige und konzertierte als Solist bis 1949. Dann wurde er in einem anonymen Brief (*anonymka*) als »moralisch unzuverlässiges, antisowjetisches Element« bezeichnet. Laut dieser Denunziation sollte er im faschistischen Deutschland studiert und dort auch noch nach der Machtübernahme Hitlers gewohnt haben. Als berechnender Mensch habe er auch noch die Tochter eines reichen Kapitalisten geheiratet.

Tatsächlich hatte Josef mit ausgezeichneten Noten das lettische Konservatorium absolviert und ein Stipendium für weiterführende Studien an der Staatlichen Hochschule für Musik in Berlin erhalten. Dort wurde ihm 1931 ein Stipendium der Fritz-Kreisler-Stiftung gewährt. Nach Hitlers Machtantritt musste Josef als Jude und Ausländer die Stadt verlassen, doch er konnte im Juni 1933 seine Studien noch abschließen.[19]

Josefs Lehrer war der ungarische Jude Carl Flesch, dem im Jahr 1934 die deutsche Staatsbürgerschaft aberkannt wurde. Sein Buch ›Die Kunst des Violinspiels‹ ist ein Standardwerk des Fachgebiets. Josef hielt Fleschs Schule und seine Methodik für überragend, und viele von Fleschs Schülern wurden bekannte Musiker wie der argentinische Jude Ricardo Odnoposoff, ein Studienkamerad von Josef. Im Jahr 1961 war Ricardo, der sich in den USA niedergelassen hatte, zu einem Besuch nach Riga gekommen. Ricardo war erschüttert von Josefs und Maschas armseligem Erscheinungsbild und davon, was aus Josefs Musikerkarriere geworden war. Ein anderer Studienkamerad war ein lettischer Jude, der Cellist Lev Aronson, dessen Lehrer in Berlin der berühmte russische Cellist Gregor Piatigorsky gewesen war. Aronson kehrte 1933 von Berlin ins lettische Liepāja (Libau) als Solocellist des dortigen Sinfonieorchesters zurück. Er und Josef spielten oft zusammen Kammermusik. Aronson hatte sowohl das Rigaer Getto als auch die Konzentrationslager überlebt und gelangte in die USA. Josef sah Aronson erst in den 1970er-Jahren in Tel Aviv wieder, wo Aronsons Verwandte lebten.

Josef erinnerte sich oft an den Abend in Berlin nach Hitlers Machtergreifung im Jahr 1933. Die ausländischen Studenten der Musikakademie erörterten die Lage in Deutschland. Berlin, das Zentrum der europäischen Kultur, zu verlassen war schwer, aber es gab keine Alternative. Zur Auswahl standen entweder die Heimkehr (in Josefs Fall nach Lettland) oder die Auswanderung nach Palästina oder in die USA. Jeder wählte auf eigenen Beschluss sein Schicksal.

Die Denunziation genügte. Josef und Mascha wurden entlassen. Die Atmosphäre verschärfte sich, und sie hingen nun beide in der Luft. Über ein Jahr lang waren sie ohne offizielle Beschäftigung. 1948 hatte eine so noch nie dagewesene Kampagne begonnen, der Kampf gegen die »Kosmopoliten«. Die Sowjetpropaganda meinte damit die Juden, deren Patriotismus infrage gestellt werden sollte. Die Kampagne gipfelte in der Behauptung von einem »Komplott der Ärzte und Giftmörder«, der sogenannten »Ärzteverschwörung«, in den Jahren 1952–1953. Beide Kampagnen endeten erst mit Stalins Tod im März 1953.

Die Sowjetunion unterstützte die Gründung des Staates Israel, aber weder die Partei noch das MGB waren gefasst auf den überschwänglichen Empfang, mit dem die Moskauer Juden im Jahr 1948 die erste Botschafterin Israels, die 1898 in Kiew geborene Golda Meir, begrüßten. Tausende von Menschen kamen im Oktober zum jüdischen Neujahrsfest Rosch ha-Schana in die Synagoge, nur um Golda Meir zu sehen und sie mit Schalom-Rufen zu begrüßen. Die meisten von ihnen hatten nie zuvor eine Synagoge besucht. Der traditionelle Wunsch »nächstes Jahr in Jerusalem« erschallte zwei Wochen später am Versöhnungstag Jom Kippur, als eine große Menschenmenge die israelischen Diplomaten von der Moskauer Synagoge zum Hotel Metropol begleitete. Seit Jahrzehnten hatte Moskau keine solche öffentliche Demonstration mehr erlebt.

Josef Jungman (vorne) bei einer Demonstration zur Unterstützung Stalins in Riga Ende der 1940er-Jahre

Yuri Slezkine bringt Stalins Dilemma auf den Punkt, indem er auf das »schreckliche Erwachen« der Agitprop[20] hinweist. Trotz allem waren auch die Juden eine ähnliche ethnische Diaspora wie Polen, Finnen, Griechen und Deutsche. Sie waren potenziell einem anderen Staat gegenüber loyal. Die von Stalin gepäppelte Sowjetintelligenzija war gar nicht russisch. Die Russen jüdischer Herkunft waren verkappte Juden, also doppelte Verräter. Eine späte, neuerliche Anwendung der ethnischen Kriterien des Großen Terrors des Jahres 1937 stand bevor.[21]

Gegen Ende des Jahres 1952 kam die jüdischstämmige Ehefrau des Geheimdienstmitarbeiters, der in der oberen Etage des Jungman-Hauses wohnte, zu Mascha und erzählte, sie habe von ihrem Mann erfahren, dass auf einer Liste von zu Vertreibenden alle Juden vermerkt seien. Die Eisenbahnwaggons stünden schon auf dem Rangierbahnhof der Stadt Tukums bereit. Deshalb forderte sie Mascha auf, für die Reise nach Sibirien Filzstiefel zu besorgen, »Butter zu klären«[22] und Zwieback zu trocknen. Eine Petersburger Aristokratin, die in der zur *kom-*

munalka umfunktionierten großen Wohnung der Jungmans untergekommen war, erbot sich, für Lena zu sorgen, wenn sie nach Sibirien mussten. Das kam jedoch für Mascha unter keinen Umständen infrage. Ihr Standpunkt war: »Ich habe mich einmal von meinen nächsten Angehörigen getrennt und sie nie wiedergesehen. Was mit uns geschieht, geschieht auch mit Lena.«[23] Die Angst erwies sich jedoch als unbegründet.

In der Sowjetunion arbeitslos zu werden war gefährlich, denn offiziell gab es im Sowjetstaat keine Arbeitslosen. Wer keine Arbeit hatte, konnte als »Tagedieb« wegen »Parasitentums« zu Arbeitslager verurteilt werden. Zu Zeiten von Chruschtschow und Breschnew war das eines der Mittel, Dissidenten zu disziplinieren. Stalins Methoden waren geradliniger.

Sowohl Josef als auch Mascha verdienten sich ihren Lebensunterhalt durch Privatstunden. Einer von Josefs Schülern war Waleri Maisky, der Bruder des berühmten Cellisten Mischa Maisky.

Die Mutter der Brüder Maisky schrieb von sich aus einen Brief an den Direktor des Konservatoriums, in dem sie Josef verteidigte und sein berufliches Können und seinen feinen Charakter hervorhob. Später erinnerte sich Josef oft an diesen Brief als ein Beispiel für außergewöhnliche Zivilcourage, denn die Reaktion des MGB war unvorhersehbar. Waleri Maisky, der spätere Organist und Musikwissenschaftler, erzählte Lena, als sie sich in den 1980er-Jahren in Jerusalem trafen, dass sein Lieblingspädagoge Josef Jungman ihn die Liebe zur Musik gelehrt habe. Auch zwei lettische Musikerfamilien unterstützten Mascha und Josef: Viestur Stabulniek, der die Familie Jungman für den ganzen Sommer zu sich in sein Haus außerhalb von Riga einlud, sowie der Geiger und Dirigent Alnis Zaķis, dessen Sohn Alnis Josefs Schüler war.

Der Mann, der Josef denunziert hatte, war ein jüdischer Musiker, dessen Rolle später klar wurde. Als Mascha und Josef ihm in den 1970er-Jahren in Israel begegneten, weigerte sich

Josef Jungman inmitten seiner Schüler. Waleri Maisky mit der Geige in der Hand

Josef, ihm die Hand zu geben. Die harte und temperamentvolle Mascha wäre zu einer Versöhnung bereit gewesen, aber, wie Lena es ausdrückte, ihr »weicher und liebevoller Vater« nicht. Die Denunziation hatte Josef tief verletzt, und seine Solistenkarriere hatte mit dem darauf folgenden Arbeitsverbot geendet.

Nach Stalins Tod bekam Josef eine Stelle im Orchester der Oper, und Mascha wurde Klavierlehrerin in der Choreografischen Lehranstalt Riga. Außerdem arbeitete sie als Korrepetitorin in der Ballettklasse. Als Josef Anfang der 1960er-Jahre erneut ans Konservatorium gebeten wurde, dachte er über das Angebot nicht einmal nach. Lena meinte, er habe sich in sein Schicksal ergeben. Ihm war die Konkurrenz in der Welt der Kunst mit ihren Intrigen zuwider. Josef war keine Kämpfernatur, anders als die starke und heißblütige Mascha.

Das Leben kehrte in seine Bahnen zurück. Um die Wende zu den 1960er-Jahren bat die »Troika« der Oper, Direktor, Parteisekretär und der Vorsitzende der Gewerkschaftsgruppe, Josef zu sich. Sie lobten seine Arbeit und seine Anständigkeit und betonten, dass er allgemeine Wertschätzung genieße. Deshalb hofften sie, er werde in die »ruhmreiche Partei« eintreten. Josef wich dem Angebot aus, und da gab der Operndirektor ihm zu verstehen, dass im Orchester die Stelle des Konzertmeisters frei werde und dass die Opernleitung auf dieser Stelle gern einen Musiker von dem Format Josefs sähe.

Deprimiert kehrte Josef nach Hause zurück, denn er wollte auf keinen Fall in die Partei eintreten. Er wollte sich weigern, erwog jedoch die möglichen Folgen. Maschas Reaktion war stark und strikt. Nach Lenas Worten erklärte Mascha heftig: »Nur über meine Leiche! Wir wollen raus aus diesem Land. Jetzt dürfen wir uns keinen Fehler erlauben, den man uns später ankreiden könnte. Mit diesem verbrecherischen System dürfen wir nichts zu tun haben. Im Reich des Satans kann man den Satan nicht besiegen.«[24]

Damals existierte Israel schon und war für die Jungmans »unser Land«. In der Familie wurden die russischsprachigen Sendungen der britischen BBC gehört, heimlich, in der Nacht und unter dem Kissen. Mascha legte Wert darauf, im Sowjetsystem immer Außenseiter zu bleiben. Lena berichtete, dass sie sich auch ständig vor Spitzeln fürchtete.

Josef verweigerte die Mitgliedschaft in der Partei, indem er erklärte, er sei »ideologisch noch nicht so weit, diesen wichtigen Schritt zu vollziehen«. Das war die akzeptierte Methode, sich der Einladung, der Avantgarde der Werktätigen beizutreten, zu entziehen. Die Parteimitgliedschaft zu verweigern bedeutete den Verzicht auf erhebliche wirtschaftliche Vorteile und Privilegien. Laut Kasekamp kam das deshalb nur selten vor.[25] Josef arbeitete als stellvertretender Konzertmeister des Opernorchesters bis 1969. Dann verlor er erneut seinen Arbeitsplatz, weil die Familie die Ausreise nach Israel beantragt hatte. Die wurde ihnen nach zweijähriger Wartezeit bewilligt.

Am 5. März 1953 weckte Mascha Lena, indem sie jubelnd ausrief:»Gott sei Dank, der Diktator ist krepiert!«[26] Die achtjährige Lena war verwirrt, als sie in die Schule kam, wo Lehrer und Schüler hysterisch Tränen über das Ableben des Vaters aller Werktätigen vergossen. Stalins Tod fiel auf denselben Tag wie das jüdische Purim, das Freudenfest, das an die Rettung der persischen Juden vor dem Versuch, sie zu vernichten, erinnert. Über das Ereignis wird im Buch Esther des Alten Testaments berichtet. Die Juden in der Sowjetunion deuteten Stalins Tod als neues Purim-Wunder.

In seinem Buch über die Geschichte der Juden hebt Paul Johnson hervor, dass die Eroberung von Konstantinopel 1453 und die Niederlage des uralten Feindes der Juden, der Griechen, die Zeitgenossen veranlasste, die Ankunft des Messias[27] zu erwarten. Simon Schaman schrieb,»die Hellenen und die Juden seien wie Öl und Wasser, die sich nicht vermischen«.[28] Laut Solschenizyn begann der Exodus der Juden, die große Auswanderung aus der Sowjetunion, mit einem Wunder, der Entstehung des Staates Israel. Darauf folgten das Purim-Wunder, also Stalins Tod 1953, sowie das dritte Wunder, der Sieg im Sechstagekrieg von 1967.

Wenn Mascha sich an diese Jahre erinnerte, betonte sie immer, es hätte ihnen auch schlechter ergehen können.»Gott sei Dank brauchten wir nicht ins Gefängnis, und wir wurden nicht nach Sibirien verschleppt.«

Sportpolitik und die Reise nach Riga

Das russische Staatsarchiv GARF veranstaltete während der Winterolympiade 2014 in Moskau die Ausstellung »Weiße Spiele mit dem Stempel GEHEIM« *(Bjelyje igry pod grifom ›sekretno‹)*. Die Ausstellung fand in Finnland wegen des Rummels um Sotschi und der Ereignisse in der Ukraine keine Aufmerksamkeit, obwohl sie interessante Archivfunde bot. Die vorhergehende Olympia-Ausstellung zur Sportgeschichte im Sommer 2010 in denselben Räumen war den Spielen von 1980 in Moskau gewidmet. Damals war der Archivfund ein Protokoll des Politbüros der KPdSU, in dem Generalsekretär Leonid Breschnew sich fragte, ob man die Spiele noch abblasen könne. Deren gestiegene Kosten hatten dem hinfälligen Generalsekretär einen Schrecken eingejagt. Breschnews Vorgänger Nikita Chruschtschow wiederum entsetzte sich, als ihm klar wurde, was die Weltfestspiele der Jugend tatsächlich gekostet hatten. Er stornierte die Bewerbung um die Ausrichtung der Weltausstellung in Moskau.[1]

Die Ausstellung über die »Weißen Spiele«, die von dem stellvertretenden Archivar des Archivs für die neuere Geschichte Russlands RGANI, dem Sporthistoriker Prosumenschtschikow, erarbeitet worden war, berichtet von der qualvollen Beschlussfassung, in deren Verlauf die sowjetischen Behörden noch zu Lebzeiten Stalins herauszufinden versuchten, ob die Sowjetunion bei den Olympischen Winterspielen in Oslo 1952 in einer Weise abschneiden würde, wie sie dem Prestige einer Großmacht angemessen wäre.

Die Sowjetunion nahm weder vor dem Krieg an einer Olympiade teil noch 1948 an den ersten Olympischen Sommerspielen nach dem Krieg in London. Den ersten Sportbesuch im Westen unternahm die Moskauer Fußballmannschaft Dynamo im Herbst 1945. Sie kam nach London. Nur einen Monat vor der Eröffnung der Spiele in London hatte die Sowjetunion am 24. Juni 1948 die Blockade West-Berlins eingeleitet. Der Kalte Krieg hatte begonnen. Anfang Juni 1948, zwei Wochen vor Beginn der Berlin-Blockade, nahm die Sowjetunion an den Europameisterschaften im Gewichtheben in den Helsinkier Messehallen teil, aber zu den Weltmeisterschaften im Gewichtheben im September 1948 in Philadelphia, USA, entsandte sie keine Mannschaft mehr.[2] Im Mai 1951 wurde die Sowjetunion jedoch Mitglied des Internationalen Olympischen Komitees (IOC) und nahm im Sommer 1952 in Helsinki zum ersten Mal an den Olympischen Spielen teil. Auf Verlangen der Sowjetunion wurden die russischen Olympioniken in einem gesonderten olympischen Dorf untergebracht, in dem gerade fertiggestellten Dorf der Technikstudenten im Helsinkier Stadtteil Otaniemi.

Daran erinnere ich mich gut, denn während der Spiele besuchte ich mit meinem Vater Otaniemi. In dem Ausstellungskatalog »Weiße Spiele« heißt es, dass die sowjetische Mannschaft jenseits der Grenze ein eigenes Vorbereitungslager hatte. Die zerstörte Hafenstadt Wiborg kam dafür kaum infrage, eher schon Leningrad.

Das Dilemma von Oslo war typisch für den sowjetischen Sport. Prosumenschtschikow spricht von der »elementaren Angst vor Schwäche«. Die Angst der Sportfunktionäre führte zu einer Vorlage für die Sowjetführung, zweifellos für Stalin persönlich. Es solle vom IOC verlangt werden, dem Programm der Winterspiele in Oslo 1952 vier neue Sportarten hinzuzufügen: Boxen, Ringen, Gewichtheben und Turnen. Da das IOC diese Sportarten nicht akzeptierte, blieb die Sowjetunion ihnen fern und nahm erst 1956 an den Winterspielen in Cortina d'Ampezzo teil. Dort schaffte es die sowjetische Olympiamannschaft an die Spitze der Medaillenstatistik. Auch der Erfolg in Helsinki war grandios. In der Gesamtstatistik der Medaillen lag die Sowjetunion nach den USA an zweiter Stelle.[3]

Die erste Reise meines Vaters Bruno Nyberg in die Sowjetunion im April 1954 erforderte einen Beschluss des Zentralkomitees der KPdSU. Für sämtliche Besuche von Ausländern bedurfte es einer Genehmigung der höchsten Ebene. In einem an den Sekretär des Zentralkomitees, den »Genossen Chruschtschow, N. S.« adressierten, als geheim gestempelten Memorandum vom März 1954 verweist der Vorsitzende des Komitees für Körperkultur und Sport des Ministerrats der Sowjetunion N. Romanow auf eine Genehmigung des Zentralkomitees vom September 1953, in Moskau eine Versammlung des Vorstands des Internationalen Gewichtheberverbands (IWF, International Weightlifting Federation) abzuhalten. Der sowjetische Botschafter[4] in Helsinki Viktor Lebedew hatte mitgeteilt, dass der Präsident des Internationalen Gewichtheberverbands, Nyberg, hoffe, zusammen mit dem Generalsekretär des Verbandes, dem Franzosen Eugène Gouleau, im April 1954 nach Moskau kommen zu können. Die sowjetischen Behörden bewilligten einen Besuch von zehn Tagen.

Im ehemaligen Verwaltungsviertel des Zentralkomitees der KPdSU zwischen dem Platz Staraja ploschtschad und dem Roten Platz, das heute der Präsidialverwaltung Russlands untersteht, befindet sich auch das Archiv für die Neuere Geschichte Russlands, das RGANI. Von dessen gewaltigen Sammlungen sind laut Prosumenschtschikow erst etwa 40 Prozent erschlossen. Die Arbeit geht langsam voran, denn die Veränderung der Geheimhaltungsstufe der Dokumente setzt ein aus der Sowjetzeit stammendes schwerfälliges Verfahren voraus.[5] Dass sich ein Dokument über meinen Vater fand, noch bevor ich meine Bitte vorgetragen hatte, war nach Aussage von Prosu-

Bruno Nyberg steigt irgendwo in der Sowjetunion aus einem sowjetischen Flugzeug

menschtschikow ein Treffer aus jüngster Zeit und Zufall gewesen. Es ist tatsächlich das einzige Dokument, das ich aus Moskauer Archiven bekommen habe, obwohl ich zahlreiche Hinweise auf einen umfangreichen Briefwechsel und Einladungen habe. Weitere für mich interessante Dokumente hat weder das Archiv des FSB noch das Staatsarchiv Russlands GARF gefunden.

Mein Vater wurde bei den Olympischen Spielen 1948 zum zweiten Sekretär des IWF gewählt, und seine Aufgabe war es, die Wettkämpfe im Gewichtheben bei der Olympiade in Helsinki zu organisieren. Der Olympic Congress des IWF, der im Juli 1952 in den Räumen der Helsinkier Handelshochschule stattfand, wählte zu seinem neuen Präsidenten Dietrich Woodman aus den USA, den Mann, der bei der Olympiade von 1904 in St. Louis sein Land im Ringen vertreten hatte, nicht im Gewichtheben. Mein Vater wurde zum Ersten stellvertretenden Vorsitzenden gewählt. Nach Woodmans Tod im September 1952 wurde mein Vater amtierender Präsident des IWF und 1953 bei der Sitzung in Stockholm Woodmans Nachfolger. 1956 wurde er in Melbourne wiedergewählt, aber 1960 in Rom verlor er die Wahl an den amerikanischen Gegenkandidaten.

Nach Auskunft der Protokolle des Arbeitsausschusses des Finnischen Gewichtheberverbands war mein Vater in den Jahren 1954–1963 mindestens zwölf Mal zu Besuch in der Sowjetunion. Sie war 1946 nach knapper Abstimmung als Mitglied des IWF zugelassen worden. Das knappe Abstimmungsergebnis ist darauf zurückzuführen, dass die sowjetischen Sportler als Profis galten.[6] Die Organisation von Reisen sowjetischer Sportler zu Wettkämpfen und Beratungen war sehr kompliziert. Das war vor allem auf die Angst der Sowjetunion zurückzuführen, ihre Bürger ins Ausland reisen zu lassen. Besonders schwierig war es zum Beispiel, für sowjetische Trainer die Erlaubnis für einen längeren Auslandsaufenthalt zu erwirken.[7] Dahinter stand auch der Neid auf die materiellen Vorteile, die eine Reise in den Westen immer für alle Betroffenen bedeutete. Ebenso kompliziert war es, Reisen von ausländischen Sportlern und Sportfunktionären in die Sowjetunion zu organisieren und zu überwachen.

Prosumenschtschikows grundlegendes Werk über die Sportpolitik der Sowjetunion ›Bolschoi sport i bolschaja politika‹ (Großer Sport und große Politik) trägt die Handschrift des professionellen Historikers. Das Buch ist in eleganter Prosa abgefasst und beschreibt die Beschlüsse, die bis in den Kreml gelangten, auch mit feiner Ironie. Die Sportpolitik stand unter der scharfen Kontrolle des ZK der KPdSU. Besondere Aufmerksamkeit galt den Sparten Fußball, Eishockey und Schach. Prosumenschtschikow gibt an, dass etwa 15 Prozent des Archivmaterials die »Stars« betrifft; ihre Aktivitäten beobachtete man genau und beurteilte ihre moralische »Willenslage« und ideologische Zuverlässigkeit. So wurde zum Beispiel über die Eskapaden des Langstreckenläufers und zweifachen Goldmedaillengewinners bei den Olympischen Spielen 1956 in Melbourne, Wladimir Kuz, sehr genau berichtet. Heute wird bei finnischen Sportquizveranstaltungen oft gefragt: Welcher sowjetische Goldmedaillengewinner diente seinerzeit auf dem Flottenstützpunkt Porkkala? Das ist eine Halbinsel im Finnischen Meerbusen, die die Finnen 1944 bis 1956 an die Russen hatten verpachten müssen. Die Antwort: der Marineoffizier Kuz. Streng war auch die Überwachung der ausländischen Gäste, bei deren Beobachtung die Dolmetscher eine entscheidende Rolle spielten. Vornehmliches Ziel der politischen Überwachung war es, sicherzustellen, dass die sowjetischen Sportler keine »Weißgardisten« oder andere Emigranten trafen. Begegnungen mit ehemaligen Kollegen, die sich in den Westen abgesetzt hatten, waren strengstens verboten. Die Zensur erlaubte auch keine Anspielungen auf solche Überläufer.

Als sich Vaclav Nedomansky, Spitzenspieler der Eishockeymannschaft der Tschechoslowakei, die in dieser Disziplin der wichtigste europäische Rivale der Sowjetunion war, 1974 in die USA absetzte, war das für die sowjetischen Medien ein Problem. Den Superstar Nedomanský konnte man nicht ignorieren. Ein beliebter sowjetischer Witz brachte das Dilemma auf den Punkt: »Die Sowjetunion hat zwei Probleme, Damanski und Nedomanski.« (Die Namen werden gleich ausgesprochen, und die Vorsilbe *ne-* verneint das Vorhandensein des Eishockeystars.) Damanski ist der Name einer Insel im Fernen Osten im Fluss Ussuri, wo 1969 ein blutiges Gefecht der bewaffneten Streitkräfte Chinas und der Sowjetunion stattfand.

Da man das westliche Lebensniveau nicht erreichen und Chruschtschow sein Versprechen, die USA »einzuholen und zu überholen«, nicht halten konnte, musste man sich mit dem Kampf um die Eroberung des Weltraums, mit der Verstärkung der militärischen Macht und der Überlegenheit in Wissenschaft und Sport[8] begnügen. Den Sportlern fiel bei alledem das Schicksal des Gladiators zu. Auf Sportler und Trainer wurde gewaltiger Druck ausgeübt. Das Wettkampfergebnis als solches genügte nicht, entscheidend war die Einstellung der Machthaber zur möglichen Niederlage. Die Leistungen der Sportler wurden beobachtet wie eine militärische Operation. Ein Beispiel von Prosumenschtschikow waren die Weltmeisterschaften im Eisschnelllauf 1953 in Helsinki, über die dem Ministerpräsidenten Georgi Malenkow aktuell berichtet wurde. Es gibt zahlreiche ähnliche Beispiele dafür, dass für Chruschtschow, Otto Wilgelmowitsch Kuusinen, der über die ideologische Reinheit der Partei wachte, und Michail Suslow über die Wettkämpfe referiert wurde.

In den 1950er-Jahren in die Sowjetunion zu reisen war weder einfach noch üblich. Von Tourismus im heutigen Sinne war noch keine Rede. Von 1953 an gab es regelmäßigen Zugverkehr zwischen Helsinki und Leningrad. Die Strecke des Nachtzugs nach Leningrad wurde im März 1954 bis Moskau verlängert. Vermutlich reiste mein Vater im April 1954 mit diesem

Fanny und Bruno Nyberg bei einem Staatsempfang zum Unabhängigkeitstag Finnlands 1957

neuen Nachtzug nach Moskau. Die Aero Oy, die heutige Finnair, nahm 1956 als erste westliche Fluggesellschaft die regelmäßigen Flüge nach Moskau auf. Ab 1958 bot das Busunternehmen Suomen Turistiauto Gruppenreisen nach Leningrad an.

Bruno Nyberg an seinem 50. Geburtstag 1957. Kauno Kleemola überreicht ihm einen Wimpel, der 11-jährige René Nyberg späht hinter den Gästen hervor.

Aus den Archiven des Finnischen Gewichtheberverbands geht hervor, dass Besuche unbedingt von Geschenken begleitet sein mussten. Mein Vater bedachte seinen Kollegen Konstantin Nasarow, das sowjetische Mitglied im Vorstand des IWF, mit Anzugstoffen und Schuhen. Dafür brachte er die sowjetische Kopie einer deutschen Leica-Kamera mit nach Hause, desgleichen die Kopie einer Zündapp-Nähmaschine sowie einen ganz grandiosen kleinen Fernsehempfänger mit einem Sieben-Zoll-Bildschirm (17,79 cm). Vor dem Bildschirm wurde ein mit destilliertem Wasser gefülltes Vergrößerungsglas angebracht.[9] Meine halbe Klasse kam zu mir nach Hause, um sich die Sendungen des Tallinn TV anzusehen. Wir verstanden allerdings die Sprache nicht. In Finnland gab es Fernsehen erst ab 1957, und die Fernsehprogramme von Yleisradio begannen Anfang 1958. Die Mitteilung des Hafenamts der Stadt Helsinki vom November 1956, dass aus Moskau ein Fernsehapparat (18 kg) eingetroffen sei, befindet sich noch in meinem Besitz. Das Fernsehgerät selbst dagegen ist vermutlich bei einem Umzug auf der Mülldeponie gelandet.

Die Besuche in der Sowjetunion und der Umgang mit den Russen schärften das Weltbild meines Vaters. 1918 hatte er – noch keine elf Jahre alt – als Botenjunge am Freiheitskrieg teilgenommen, wofür er die Gedenkmedaille des Freiheitskriegs und eine von General Mannerheim unterschriebene Ehrenurkunde erhielt. Den Schutzkorps schloss er sich nicht an und auch keiner Partei. Seine Welt war der Sport.
Bei uns zu Hause wurde über die Russen nicht verächtlich gesprochen. Und auch nicht über andere Nationen. Während der Olympischen Spiele im Sommer 1952 stürmte ich einmal aus dem Sommerbad Humallahti[10], das von unserer Wohnung im Stadtteil Taka-Töölö aus zu Fuß zu erreichen war, begeistert nach Hause und sprudelte hervor, die »Yankees« seien gekommen. Die amerikanischen Wasserballspieler hatten mich schwer beeindruckt. Ich war völlig verblüfft, als mein Vater mich für den Gebrauch dieses Wortes tadelte. Für ihn war es ein Schimpfwort.

Mein Vater interessierte sich zwar hauptsächlich für Sportpolitik und nicht für Parteipolitik, aber die Wahlen zum Staatspräsidenten 1956 rissen ihn mit. Damals kandidierte Urho Kekkonen, zuvor Ministerpräsident, von der späteren Zentrumspartei, den mein Vater als Sportfunktionär gut kannte und schätzte, gegen den Sozialdemokraten Karl-August Fagerholm. Kekkonen war selbst einmal Leistungssportler gewesen. Im dritten Wahlgang setzte er sich durch und behielt das Amt dann für 25 Jahre. Es war ein sehr dramatischer Wahlkampf. Im Januar 1956 unterschrieb mein Vater einen Aufruf, eine »Adresse« der Sportler an die Öffentlichkeit, zur Unterstützung der Wahl Kekkonens. Zu den Unterzeichnern gehörten auch der Vorsitzende des Finnischen Turn- und Sportbunds (SVUL) und spätere Parlamentspräsident Kauno Kleemola sowie der Vorsitzende des Verbandsrats des Finnischen Sportbunds Kalle Kaihari. Bei einer stürmischen Versammlung der Vertreter der Mitgliedssportverbände am Himmelfahrtstag 1956 wurde verlangt, diese »Adressenmänner« sollten ihre Führungspositionen beim SVUL räumen.

Die Sportpolitik in den 1950er- und 1960er-Jahren war Teil der gnadenlosen Konflikte in der finnischen Innenpolitik. Die Entwicklung wurde noch verschärft durch die Zersplitterung der Sozialdemokratischen Partei und der Gewerkschaftsbewegung. Damit war die Spaltung in zwei konkurrierende Organisationen verbunden, den Arbeitersportverband TUL und den bürgerlichen Sportverband Finnlands SVUL. Diese Gegensätze, die ihre Wurzeln im finnischen Bürgerkrieg hatten, spiegelten die Spaltung der Gesellschaft und erschwerten eine Zusammenarbeit bei Wettkämpfen.

Das bekannteste Opfer dieses sportpolitischen Kampfes, der sich auch auf den Sport selbst auswirkte, war der Boxer Olli Mäki, der den Arbeitersportverband vertrat und deshalb nicht für die Mannschaft der Olympischen Spiele in Rom akzeptiert wurde, obwohl er Favorit in seiner Liga war. Für die Winterspiele 1960 in Squaw Valley hatte Finnland noch eine einheitliche Mannschaft entsenden können, unter anderen den Eisschnellläufer Juhani Järvinen vom Arbeitersportverband, den Goldmedaillengewinner der Weltmeisterschaften von 1959. Der sportpolitische Streit zwischen dem Arbeitersportverband und dem Sportverband Finnlands wurde erbittert geführt. Ende der 1950er-Jahre waren die Meinungsverschiedenheiten noch stärker ausgeprägt als in der unmittelbaren Nachkriegszeit.[11]

Der Finnische Gewichtheberverband war der erste Sportfachverband, der einen sogenannten Kooperationsvertrag mit dem TUL, dem Arbeitersportverband, schloss. Das geschah vor den Olympischen Spielen in Rom 1960 und war ein wichtiges politisches Statement in diesem Konflikt, in dem auch ein Vermittlungsversuch von Urho Kekkonen scheiterte. Als Unter-

Urho Kekkonen überreicht Bruno Nyberg 1965 den Kämpferpokal.

stützer Kekkonens und jemand, der sich um Eintracht im Sport bemühte, hatte mein Vater in Helsinki einen schweren Stand. Als man ihn im Jahr 1963 aus der Leitung des Finnischen Gewichtheberverbands verdrängen wollte, bekam er dezidierte Unterstützung von Kekkonen in Form eines Briefes: »Hinter diesem hässlichen Versuch vermute ich Männer, deren wirkliche Verdienste um den finnischen Sport ich nicht recht zu beurteilen vermag ... Ich freue mich, dass die Gewichtheber hinter dir stehen und dass <u>du deine Arbeit für den Sport</u> in der Leitung des von dir geschaffenen Verbands <u>fortsetzen kannst</u> [Unterstreichung von Kekkonen]. Dabei wünsche ich dir aufrichtig weiterhin viel Erfolg. Du hast den finnischen Gewichthebersport aus dem Nichts an die Weltspitze gehoben. Das ist nicht dadurch geschehen, dass du auf Befehl anderer einstimmig mitgeblökt hast, sondern durch selbstständige, sachkundige und mitreißende Arbeit.« Außerdem erwähnte er den Ausschluss von Olli Mäki aus der Olympiamannschaft für Rom. Noch im selben Jahr verlieh Staatspräsident Kekkonen meinem Vater den Ehrentitel eines Sozialrats.

Im März 1965 lud Kekkonen die Spitzenfunktionäre des finnischen Sports unter der Leitung von Akseli Kaskela, dem Vorsitzenden des SVUL, in die Villa Tamminiemi ein, den offiziellen Sitz des finnischen Staatspräsidenten, und überreichte meinem Vater den »Kämpferpokal des Präsidenten der Republik«. Das war ursprünglich ein Anerkennungspreis für einen aktiven Sportler, ein Silberpokal mit der Gravur »Präsident der Republik« und darunter Urho Kekkonens Unterschrift sowie das Datum 3. 9. 1960. Zwei Jahre nach dem Tod meines Vaters bedachte Kekkonen meine Mutter im Oktober 1968 mit einem Telegramm, in dem er schrieb: »Diesem Tag hat Bruno mit seiner Lebensarbeit den Weg bereitet.« An diesem Tag nämlich hatte Finnland bei den Olympischen Spielen in Mexiko seine einzige Goldmedaille gewonnen, errungen von dem Gewichtheber Kaarlo Kangasniemi.

Der Kampf meines Vaters und seine Unterstützung für Kekkonen wirkten sich auf den Geist bei uns zu Hause und auf mein Weltbild aus. Mein Interesse für die Innen- und die Außenpolitik Finnlands wurde geweckt. Mit unserem Hausmeister damals in der Linnankoskenkatu, einem ernsten Mann, wettete ich um fünf Finnmark darum, wer die Präsidentschaftswahlen 1956 gewinnen würde, Karl-August Fagerholm oder Urho K. Kekkonen. Der Hausmeister hat dem kleinen Jungen niemals die verlorene Wette bezahlt.

Von den Reisen meines Vaters in die Sowjetunion war die Reise nach Moskau während der »Weltfestspiele der Jugend und Studenten« im August 1957 diejenige mit den weitreichendsten Folgen. Aus Finnland fuhren drei Funktionäre und mehrere Sportler mit. Auch die schwedischen Gewichtheber reisten über Helsinki mit dem Zug nach Moskau. Die Weltfestspiele waren ein Riesenereignis. Natürlich war die Delegation des Gastgeberlands die größte (3719 Personen), aber die finnische war die zweitgrößte (2103). Es fuhren sogar mehr Finnen nach Moskau als Franzosen (2099) oder Italiener (1854).[12] Emblem der Weltfestspiele war Picassos Friedenstaube, und das Motto lautete »Für Frieden und Freundschaft«. Auch das berühmte Lied ›Moskauer Nächte‹ wurde durch die Spiele zu einem Dauerhit. Und die Stadt bekam zu Ehren der Festspiele eine Straße namens »Friedensprospekt« (*Prospekt Mira*).[13]

Das Ganze war als Höhepunkt von Chruschtschows Tauwetterpolitik[14] gedacht und sollte die Schleusen der Politik öffnen, die den Namen »friedliche Koexistenz« trug. In der Sendung ›Face the Nation‹ des amerikanischen Fernsehsenders CBS forderte Chruschtschow die Amerikaner auf, »den Eisernen Vorhang« niederzureißen. Ziel des Kremls war es, den Kulturaustausch auszuweiten und der Welt in großem Umfang sowjetische Kultur zu bieten. Allerdings begrub die Niederschlagung des Volksaufstands in Ungarn im Oktober/November 1956 die Hoffnung vieler Menschen auf weitere Öffnung.

Nach Stalins Tod wurde der Umgang sowjetischer Bürger mit Ausländern erleichtert. Die ersten Touristenreisen in die Sowjetunion wurden 1955 organisiert. Zu Lebzeiten Stalins war kein einziger Tourist ins Land gekommen. In Moskau gab es nur eine kleine Gruppe von Männern aus dem Westen, die mit sowjetischen Frauen verheiratet waren. Stalin hatte 1947 neue Ehen mit Ausländern verboten.[15] Ab 1955 waren Zeitungen und Bücher aus den »Bruderländern«, das heißt aus den anderen sozialistischen Ländern, erhältlich. Besonders wichtig wurde die Beziehung zu Polen. Denn indem sie eine andere slawische Sprache lernten, nämlich Polnisch, konnten die Russen

Literatur lesen, die nicht ins Russische übersetzt worden war, zum Beispiel die Werke von William Faulkner, James Joyce und Franz Kafka. Ein folgenschwerer Beschluss war es, den Briefwechsel mit Verwandten zu erlauben, denn das betraf Menschen in aller Welt, insbesondere in den USA. Vladislav Zubok, Professor an der London School of Economics, selbst gebürtiger Moskauer und Autor des Buches ›Zhivago's Children. The Last Russian Intelligentsia‹, stellte fest, dass die Wurzeln von zehn Prozent aller Amerikaner auf dem Gebiet der Sowjetunion lagen. Der Studentenaustausch begann, anfangs nur mit den Bruderländern, aber bald wurde er erweitert und erstreckte sich dann auch auf die westlichen Länder.[16] Für die finnischen Kommunisten öffnete sich die Parteihochschule der Sowjetunion im Jahr 1954.

Die Ekstase des Tauwetters ist eine einzigartige Phase in der Geschichte der Sowjetunion, und der enthusiastische August der Weltfestspiele 1957 bildet darin ein eigenes Kapitel. Chruschtschows Schwiegersohn und Chefredakteur der Zeitung ›Iswestija‹, Alexei Adschubei, behauptete, im Stadtzentrum von Moskau habe während der ganzen Festspiele niemand geschlafen. Seit dem Krieg hatten die Russen keine ähnliche Begegnung mit Ausländern erlebt. Alexander Schelepin, der für die praktische Durchführung verantwortliche Vorsitzende des Komsomol, der Jugendorganisation der KPdSU, verkündete, die Festspiele seien ein großer Erfolg gewesen.[17] Nach den Festspielen stieg er zum Chef des KGB auf.[18]

In dieser Zeit rauschhafter Begeisterung bot Jekaterina Furzewa, die im Juli 1957 ins Politbüro des Zentralkomitees der KPdSU aufgestiegen war, meinem Vater eine Reise an, um Kaukasien, die Krim, Samarkand oder andere Orte der Sowjetunion kennenzulernen. Mein Vater wollte gern nach Riga, um die Cousine seiner Frau, Mascha Jungman, zu finden. Heute lässt sich nicht mehr klären, woher mein Vater wusste, dass Mascha den Krieg überlebt hatte. Es ist sehr gut möglich, ja sogar

Mascha und Lena Jungman mit Bruno Nyberg in Riga 1963

wahrscheinlich, dass er es gar nicht wusste, sondern vor Ort herausfinden wollte, ob sie noch lebte, und deshalb Riga wählte. Mascha ihrerseits hatte versucht, über das sowjetische Rote Kreuz und den Roten Halbmond Kontakt zu den Verwandten in Finnland herzustellen. Auch Riko, die Schwester meiner Mutter, und der jüngste Bruder Jakko hatten sich bemüht, über das Rote Kreuz Kontakt zu den Verwandten aufzunehmen, jedoch erfolglos. Doch der KGB wusste, wo Mascha zu finden war.

An einem Tag im August 1957 fährt ein riesiger schwarzer Wagen der russischen Marke SIL langsam am Spülsaum des Strandes Jurmala in Riga entlang. Hier durften eigentlich keine Autos fahren. Zur Verwunderung und zum Entsetzen von Mascha, Josef und Lena, der etwas weiter oben in den Dünen sitzenden Familie Jungman, hält das Auto direkt vor ihnen. Aus dem Wagen steigen mein Vater, seine schöne Dolmetscherin Wera und der Fahrer des KGB, der gewusst hatte, wo die Gesuchten zu finden waren.

Es war, als sei ein Gast aus dem Weltraum zu ihnen herabgestiegen, erzählte Lena. Die Überraschung war perfekt. Alle nahmen Platz in dem prachtvollen, geräumigen Auto und fuhren zu einer Datscha, wo sie zwei Stunden blieben. Mein Vater versuchte, mit Josef allein in den Garten zu gehen, aber die westlich gekleidete, elegante Vera folgte ihnen wie ein Schatten und achtete darauf, die ganze Zeit bei dem Gespräch dabei zu sein. Danach kehrte mein Vater nach Riga und noch am selben Abend nach Moskau zurück. Ein zweites Mal besuchte er Riga im Jahr 1963 und traf Mascha und Lena wieder.

Laut Eintragung in seinem Militärpass konnte mein Vater Deutsch. Ich fragte ihn, wie es dazu gekommen war. Lachend erzählte er die Geschichte. Der Eintrag war auf seinen Kompaniefeldwebel zurückzuführen. Mein Vater hatte nämlich einen deutschen Verdienstorden bekommen, und das kam so: Als Feldwebel der flugtechnischen Gruppe des Flugdepots Nr. 1 der Luftstreitkräfte hatte er ein Feuer an einer Bremstrommel der Focke-Wulf entdeckt und gelöscht[19], mit der Adolf Hitler anlässlich des Geburtstages von Mannerheim im Juni 1942 in Immola gelandet war. Also musste Bruno auch Deutsch können. De facto war sein Deutsch recht bescheiden. Mit Josef konnte er sich aber schon verständigen.

Die Reise meines Vaters nach Riga eröffnete eine Verbindung, aus der sich rasch ein reger Umgang entwickelte. Mein Vater war der erste Lichtstrahl, der in die geschlossene Welt der Jungmans drang. Nach seinem Besuch begann ein Briefwechsel, den die sowjetischen Behörden im Zuge des Tauwetters erlaubt hatten. Später wurden auch Telefongespräche möglich. Briefe gingen hin und her, wenn auch langsam und auf dem Umweg über Moskau, aber sie wurden befördert. Auch Pakete konnten geschickt werden.

Meine Mutter und ihre Schwestern sowie ihr Bruder schickten »weiche« Pakete mit Kleidungsstücken, die große Bedeutung hatten. Nach Lenas Worten eine viel größere, als die Absender es sich vorstellen konnten. Natürlich freute Lena sich über die neuen Kleider aus Helsinki, die in der Schule bewundert wurden, aber Mascha verkaufte auch einige der Kleider, die sie geschenkt bekommen hatte, mithilfe einer Freundin. Die hatte vor dem Krieg ein Modegeschäft geführt und arbeitete jetzt halb legal in derselben Branche. Solche zusätzlichen Einkünfte waren angesichts der wirtschaftlichen Situation, in der sich die Familie befand, sehr willkommen. Meine Schwester und ich bekamen dafür in der DDR gedruckte Bücher mit Grüßen von Lena in der Handschrift Maschas, die sich immer noch in meinem Besitz befinden. Mascha schrieb sowohl an meine Mutter als auch an deren Schwester.

Mascha und Lena Jungman 1959

Mein Vater schenkte Josef, der eine ähnliche Statur hatte, seinen leichten Gabardinemantel. Der Mantel wurde gestohlen, während Josef beim Friseur war. Mascha war wütend. Es war ein klassischer Fall. Als der Ärger verflogen war, fiel den Jungmans eine Geschichte des berühmten Sängers und Kabarettisten Alexander Wertinski ein. Er war nach der Revolution emigriert und kehrte während des Krieges nach Moskau zurück. Wertinskis Zug läuft in Moskau ein, und der Sänger stellt seine Koffer auf dem Bahnsteig ab. Er hebt die Hände gen Himmel, um das Heilige Russland zu begrüßen. Als er sie wieder sinken lässt, sind die Koffer verschwunden. Wertinski ruft aus: »Ich erkenne dich wieder, Russland!«

Mascha und Josef lebten in der Sowjetunion wie in einem Gefängnis, obwohl die Rote Armee und ihr sowjetischer Pass ihnen das Leben gerettet hatten. Sie hatten jedoch auch anderes gesehen, sie wussten von der Existenz der freien Welt. Schon früh war es Mascha klar gewesen, dass sie die Sowjetunion verlassen mussten. Der Kontakt zu den Cousinen in Helsinki gab ihr neue Hoffnung.

Für die Familienmitglieder in Helsinki ergab sich nun auch eine Verbindung zu den in Leningrad wohnenden Verwandten. Meier Tokazier, der Vater meiner Mutter, und ihre Schwester Riko Grasutis nutzten die 1958 eröffnete Busverbindung der Firma Suomen Turistiauto nach Leningrad und besuchten dort 1959 Meiers jüngsten Bruder Jakov Tukatsier. Der andere der beiden in Leningrad ansässigen Brüder, Sender, war schon vor dem Krieg verstorben. Mit dabei waren natürlich auch Mascha und die 14-jährige Lena aus Riga.

Lena konnte sich gut an das Treffen im Hotel Astoria in Leningrad erinnern. Die Brüder sprachen miteinander Jiddisch. Jakov war sichtlich nervös, ansonsten verlief das Zusammensein relativ ungezwungen. Man nahm kein Blatt vor den Mund. Das Astoria war das Hotel Nummer eins in der Stadt und Ausländern sowie der sowjetischen Elite vorbehalten. Gewöhnliche Sowjetbürger hatten dort nichts zu suchen. Lena hatte auch Meiers tiefe Gläubigkeit im Gedächtnis behalten. Er betete im Hotelzimmer im Beisein der anderen. Wie mein Vetter Hillel Tokazier erzählte, besuchte der weißhaarige Jakov, »die magerere Ausgabe von Meier«, seinen Bruder in Helsinki. Als Meier 1966 gestorben war, meldete sich Jakov telefonisch bei Hillel.

A meschuggene Land

Riga, die Heimatstadt von Mascha und Josef, war von den Lebensverhältnissen her einer der besten Orte innerhalb der Sowjetunion. Die Begriffe »Sowjetausland« (*sowjetskaja sagraniza*) oder »naher Westen« (*blischnij sapad*) etablierten sich bei den Russen als Bezeichnungen für das Baltikum, und so wirkte es tatsächlich, auch nach Ansicht derjenigen, die aus Moskau oder Leningrad kamen. Das Stadtbild war anders. Die Versorgungslage in den baltischen Ländern war besser als andernorts, wo permanenter Mangel an Lebensmitteln herrschte. Kaffee wurde mit der Zeit zum Merkmal für die Andersartigkeit des Baltikums, denn dort gab es Kaffee, man trank ihn und war stolz darauf.

Stalins Beschluss, den Bauern im Baltikum einen Inlandspass, das heißt einen Personalausweis, zu bewilligen, war ein bedeutendes Zugeständnis, das die Sonderstellung der drei baltischen Republiken betonte. Die Zwangskollektivierung hatte die Landwirtschaft der Sowjetunion zerstört. Die Produktivität der Landwirtschaft in den baltischen Ländern war im Vergleich zu der in den übrigen Landesteilen generell höher. Deshalb entwickelten sich besonders Lettland und Estland innerhalb kurzer Zeit zu den führenden Viehwirtschaftsgebieten des ganzen Landes.[1]

Das Bildungsniveau in den baltischen Ländern war relativ hoch, und besonders in Lettland gab es eine starke Industrietradition sowie als Erbe der lutherischen Gesellschaft eine gewerbliche Disziplin und bedeutende Produktionsstätten, von denen ein Teil noch aus vorrevolutionärer Zeit stammte. Die Industrialisierung Lettlands war ein landesweites Projekt, wenn auch die Spitze der Rüstungsindustrie aus Sicherheitsgründen nicht in Riga, sondern in Leningrad und Moskau angesiedelt wurde. Die sowjetische Führung ging davon aus, dass die baltischen Länder der westlichen Spionage in besonderem Maße ausgesetzt waren.[2]

Das Paradoxon Lettlands bestand darin, dass seine Stärken sich gegen das Land selbst wandten. Das hohe Bildungsniveau und der Grad der Industrialisierung brachten weitere Industrie ins Land und damit weitere russischsprachige Arbeitskräfte, was im Lauf der Zeit das Bevölkerungsverhältnis Lettlands so veränderte, dass zum Beispiel Riga auch heute noch eine überwiegend russischsprachige Stadt ist. Den Statistiken zufolge sprachen im Jahr 1989 80 Prozent der Bevölkerung Lettlands fließend Russisch.[3] Dieselbe Beobachtung gilt mit graduellem Unterschied auch für Estland, jedoch nicht für Litauen. In dem überwiegend landwirtschaftlich geprägten Litauen gab es keine bedeutende russischsprachige Einwanderung. Litauen schaffte es auch besser als Lettland und Estland, die Führung der kommunistischen Partei in den eigenen Händen zu behalten.

Um die russische Zuwanderung zu begrenzen, wollte die lettische Regierung 1958 Zuzugsbeschränkungen für Riga erwirken, wie es sie auch für Moskau, Leningrad und Kiew gab, scheiterte jedoch damit. Als die Führung der kommunistischen Partei Lettlands 1959 von den nach Lettland eingewanderten Russen verlangte, sie sollten Lettisch lernen, kam Chruschtschow nach Riga und setzte die Parteiführung ab.[4] An die Macht kam Arvīds Pelše[5], der später Mitglied des Politbüros der KPdSU wurde. Von da an hörte die Parteiführung Lettlands besonders aufmerksam auf Moskau. Ein anderer Lette, der bis in die sowjetische Führungsspitze aufstieg, war Boris Pugo[6], der vor dem Krieg in Kalinin (Twer) nordwestlich von Moskau geboren wurde. Er stieg zum Innenminister der Sowjetunion auf und gehörte zu der Gruppe, die den Putsch vom August 1991 initiierte, um Gorbatschow abzusetzen. Nach dem gescheiterten Staatsstreich beging er Selbstmord.

Wenn man von Litauen absieht, war der Wandel im zahlenmäßigen Verhältnis der Bevölkerungsgruppen in den baltischen Ländern während der Nachkriegszeit erheblich. Estland war 1945 noch sehr estnisch (94 Prozent), während die entsprechende Prozentzahl in Lettland bei 80 lag. Bei der ersten nach dem Krieg durchgeführten sowjetischen Volkszählung von 1959 hatten sich die Zahlen schon wesentlich verändert: In Estland machten die Esten nur noch 75 und die Letten in Lettland 62 Prozent aus. 1970 waren die Anteile der Stammbevölkerung noch weiter gesunken: in Estland auf 68 und in Lettland auf 53 Prozent. Die entsprechende Zahl in Litauen lautete 80. In Litauen bildeten Polen und Juden aus historischen Gründen die Minderheiten. Die Polen wohnten vor allem in Wilna. Die Stadt galt seinerzeit auch als Zentrum der Juden, als »Jerusalem des Nordens«.

Die baltischen Länder oder *Pribaltika*, wie das Gebiet auf Russisch genannt wurde, entwickelten sich zu einem besonders bei der sowjetischen Intelligenz beliebten Urlaubsort ohne Massentourismus. Das Niveau der Dienstleistungen war höher, man trank Kaffee, und es gab weniger Gedränge als in den Schwarzmeerorten auf der Krim (Jalta), in Sotschi oder an der Küste Georgiens in Abchasien (Suchumi, Gudauta, Pitsunda) und in Adscharien (Batumi). Ziel Nummer eins war der Rigaer Strand, Jurmala. Beliebt waren auch Pärnu (Pernau), Haapsalu (Hapsal) und Narva-Jõesuu (Hungerburg) in Estland sowie Palanga (Polangen) in Litauen.

Mascha und Josef hatten sich notgedrungen an das Leben in der Sowjetunion und in dem veränderten Lettland angepasst. Die Anzahl der Juden war im Vergleich zur Vorkriegszeit um mehr als die Hälfte gesunken. Im Jahr 1940 wohnten in Lettland 95 000 Juden, laut Volkszählung von 1959 nur noch 37 000. Die meisten von ihnen waren Neuankömmlinge, die nach dem Krieg aus anderen Teilen der Sowjetunion zugezogen waren. Mascha und Josef sprachen Russisch und hatten insofern keine Verständigungsschwierigkeiten. Dennoch gab es eine Kluft zwischen lettischen und sowjetischen Juden – und die Unterschiede waren bedeutsam. Sie betrafen nicht nur die Herkunft, sondern auch die Sozialisierung.

Laut Vladislav Zubok hatten die Kriegsjahre und der darauf folgende stalinistische Antisemitismus grundsätzlich tiefe Wunden hinterlassen. Das riss auch eine Kluft zwischen den Juden und der übrigen Gesellschaft auf.[7] In der Sowjetunion wurde die Nationalität zunehmend wichtiger. Die Allianz der jüdischen Revolution und des Kommunismus war nicht an Stalin, sondern an Hitler zerbrochen, aber die Verbindung der Juden mit der sowjetischen Gesellschaft löste sich zunehmend.

Die Symbiose der Juden und des Sowjetstaats zur Förderung der Weltrevolution wandelte sich zu einer einzigartigen Konfrontation.[8] Wie Slezkine schreibt, war die zunehmende Diskriminierung der Juden auch deshalb eine so große Demütigung, weil sie ihre Rolle als Elite verloren hatten. Dennoch garantierte der höhere Grad ihrer Urbanisierung und ihres Bildungsniveaus, dass sie auch zu Zeiten Chruschtschows und Breschnews in der sowjetischen Gesellschaft sichtbar waren. Gleichzeitig hatten sie sich, einst die allertraditionellste Gruppe in der Bevölkerung, in der Sowjetunion von ihrem Hintergrund gelöst. Bei der Volkszählung von 1959 gaben nur noch 21 Prozent Jiddisch als Muttersprache an, 1926 waren es noch 72 Prozent gewesen.[9]

Nach Stalins Tod stabilisierte sich das Leben auch in Riga, desgleichen die Beschäftigungssituation der Musikerfamilie Jungman. Alle Familienmitglieder sprachen längst Lettisch, zu Hause jedoch Russisch. Die Eltern sprachen untereinander auch Deutsch. Lena kam in eine russischsprachige Schule, obwohl auch eine lettische in Erwägung gezogen worden war. Doch nach Josefs Worten wäre sie dort ein »weißer Rabe« gewesen. Von Lenas 30 Klassenkameraden waren elf Juden, und von diesen wanderten später fünf nach Israel aus.

Die Familie Jungman hielt fest zusammen. Die Erinnerung an die verlorenen Verwandten wog schwer, und das Leben in ihrem alten Zuhause, jetzt eine *kommunalka*, war bedrückend. Mascha fühlte sich besonders von dem bösen Geist des Hauses, dem Hausmeister Stanisław, bedrängt, der gegen »Maschenka« stichelte, wenn er einen über den Durst getrunken hatte. In Maschas Augen war der Mann ein gefährlicher Denunziant. Er war der Hauptgrund dafür, dass die Familie 1963 aus dem Haus auszog.

Mascha und Josef waren sehr unterschiedlicher Meinung über die Zukunft der Sowjetunion. Mascha berief sich energisch darauf, dass nicht einmal das Römische Reich ewig gewährt hatte. Andrei Amalriks 1969 im Westen erschienenes Pamphlet ›Kann die Sowjetunion das Jahr 1984 erleben?‹ wanderte in Kopie von Hand zu Hand. Der Dissident und Historiker hatte seinem Essay einen Titel gegeben, der sich die Jahreszahl bei George Orwell geliehen hatte. Ich las das Büchlein als junger Referent 1973 in Moskau und habe niemanden getroffen, der die Prophezeiung ernst genommen hätte. Wie wir heute wissen, hatte Amalrik sich nur um gut fünf Jahre verschätzt.[10] Die Sowjetunion hatte sich als ein System erwiesen, das nur einer einzigen Generation diente, oder dank Stalin anderthalb. Die Macht lag bei der Partei, und sie beherrschte die Wahrheit, bis ihre »Wahrheit« sich als Lüge erwies.[11]

Mascha war von Anfang an konsequent der Überzeugung, dass die Sowjetunion *a meschuggene land*[12], ein verrücktes Land, sei, »von dem man sich losreißen muss«. Die Familie fühlte sich in der sowjetischen Gesellschaft als Außenseiter und wollte das auch sein. Die Gründung Israels hatte Hoffnungen ge-

Denkmal »Für die Opfer des Faschismus«, das auf Initiative der jüdischen Gemeinschaft von Riga 1964 in Rumbula errichtet wurde und das das einzige seiner Art in der Sowjetunion war.

weckt, und die kleine Lena verstand schon früh, dass »Israel unser Land ist«. Die israelischen Teilnehmer der Moskauer Weltfestspiele von 1957 waren die ersten öffentlich auftretenden Zionisten seit Golda Meirs Zeiten als Botschafterin in Moskau 1948. Ihr selbstsicheres Verhalten als Juden machte Eindruck. Weiteres sollte folgen, und der Sechstagekrieg wurde zum Wendepunkt.[13]

Der Verlust der Verwandten prägte Lenas Weltbild auf entscheidende Weise. Die Tragödie war eine Sache, die ihre Kindheit beherrschte. Die Namen aller getöteten Verwandten waren ihr bekannt, und zu Hause waren sie immer gegenwärtig. Auch lernte Lena, dass man über die Angelegenheiten der Familie nicht mit Außenstehenden spricht. Mascha schärfte Lena, dem ersten jüdischen Kind, das nach dem Krieg in Riga geboren wurde, ein: »Du hast Hitler persönlich besiegt schon allein dadurch, dass du geboren wurdest. Das Leben hat gesiegt.«[14] Deshalb war es Mascha wichtig, dass Lena irgendwann einen jüdischen Mann fand. Sie fürchtete, Lena könnte einen Mann heiraten, von dem sich später herausstellen würde, dass seine Verwandten an der Ermordung von Maschas und Josefs Angehörigen beteiligt gewesen waren. Im Lauf der Jahre machte Mascha sich auch immer wieder Gedanken über Lenas Namen. Lena hatte ihren Namen nach Maschas Mutter Lea (Leja) bekommen, aber in der russischen Form »Jelena«. Mascha bereute es nun, nicht die traditionelle jüdische Form des Namens, *Leja,* gewählt zu haben.

Als Zionistin und Aktivistin der von Jabotinski gegründeten Jugendorganisation Betar war Mascha, wie sie sagte, vor dem Krieg der Religion gegenüber gleichgültig gewesen. Sie und ihre Schwestern hatten sich über die jüdischen Feiertage lustig gemacht und in der Fastenzeit heimlich gegessen. Doch nun war die Situation eine andere. Mascha bat Lena, die jüdischen Feiertage zu respektieren: »Wir haben nicht einmal Gräber, an denen wir der Toten gedenken könnten. Sie sind nicht tot, denn es gibt kein Grab – die Erde hat sie verschluckt.« Ebenso bat sie Lena, das Fasten am Versöhnungstag Jom Kippur einzuhalten. Die Familie besuchte auch den Wald von Rumbula außerhalb der Stadt, wo die Juden von Riga ermordet worden waren und wo an den Samstagen von Freiwilligen Säuberungsarbeiten durchgeführt wurden. Schließlich wurde in diesem Gebiet 1964 auch ein Denkmal errichtet, das das einzige seiner Art in der Sowjetunion blieb.

Eine ostjüdische Romanfigur des österreichischen Schriftstellers Joseph Roth drückte es so aus: »Unser Zuhause ist dort, wo wir Tote haben.«[15] Die Einstellung Maschas, der alten Aktivistin der Betar-Organisation, zu den Traditionen der Religion ähnelt der Haltung des Zionisten Wladimir Jabotinski. Er stand der religiösen Tradition nicht wirklich feindselig gegenüber so wie viele säkularisierte Zionisten, aber er bewahrte rationalen Abstand. Er besuchte nicht einmal am Jom Kippur die Synagoge.[16] Auch die Jungmans gingen in Riga im Allgemeinen nicht in die Synagoge, aber zum jüdischen Osterfest kaufte Mascha Matzen. Tochter Lena in Tel Aviv und ihr Mann Jewgeni begaben sich einmal im Jahr, am Jom Kippur, in die Synagoge.

Nach Kriegsende war es für die Jungmans möglich geworden, zu den Leningrader Verwandten Verbindung aufzunehmen. Mascha bemühte sich sehr, engen Kontakt zu ihnen zu halten. Man besuchte sich gegenseitig, und die Leningrader verbrachten die Sommer in Jurmala. Sender Tukatsier, einer der Brüder von Meier, war schon in den 1920er-Jahren in Orscha gestorben. Er war ein gebildeter Mann gewesen, der auch für eine gute Schulbildung seiner drei Töchter gesorgt hatte. Die Deutschen ermordeten zwei von ihnen mit ihren Kindern. Die jüngste Tochter Hasja (1931–1993) überlebte mit ihrer Mutter und ihren Kindern am Ort ihrer Evakuierung Kuibyschew, heute Samara. Sie heiratete einen Ingenieur aus Orscha, der U-Boote konstruierte. Nach sowjetischer Praxis war der Umgang mit Verwandten, die ihrerseits Verwandte im Ausland hatten, im Prinzip verboten. Die liberaleren Regeln waren längst schon wieder zurückgenommen worden. Für die Familie eines Ingenieurs im Dienst der Rüstungsindustrie galt dieses Verbot ausnahmslos.

Hasja hatte einen Sohn, Alexander Kuschner (geb. 1936). Er war ein Freund und Dichterkollege von Joseph Brodsky. Brodsky (1940–1996) wurde 1963 wegen »Parasitentums« zu Arbeitsdienst in einem Sowchos (ein Stummelwort aus *Sowjetskoje chosjaıstwo*, sowjetische Wirtschaft), einem staatlichen landwirtschaftlichen Großbetrieb, verurteilt, weil er keine feste Arbeitsstelle hatte. Kuschner dagegen, der als Jude keinen Studienplatz an der Universität bekommen hatte, studierte an der Leningrader Pädagogischen Hochschule und wurde Lehrer für russische Sprache und Literatur. Die Stellung als Lehrer war seine Rettung. Heute ist Alexander Kuschner einer der bekanntesten lebenden Dichter Russlands. Ich begegnete ihm persönlich zum ersten Mal im Jahr 2013. Bevor ich 2002 Lena ken-

Mascha in der Wohnung Linnankoskenkatu in Helsinki

nenlernte, wusste ich nicht einmal von seiner Existenz. Kuschner erzählte mir, dass er sich sehr gut an Mascha erinnere. Er hatte auch ein klares Bild von Maschas starkem Charakter und von ihrer Fähigkeit, Dinge und Nuancen schnell zu erfassen und zu verstehen. Meier Tokaziers anderer Bruder, der jüngste, in Leningrad lebende, war Jakov, den Meier 1959 besucht hatte.

Durch den neu zustande gekommenen Kontakt wurde es Mascha im Sommer 1961 auch möglich, zu einem Besuch nach Helsinki zu kommen. Im Rigaer Dokumentationsarchiv für die Folgen des Totalitarismus, wo die Papiere des KGB aufbewahrt werden, fand sich ein Dokument darüber, dass der KGB am 15. Juli 1961 Maria Abramowna Jungman »operativ überprüft« hat. Weitere Dokumente darüber sind im Archiv nicht enthalten. Nach Angaben des Archivars sind sie entweder vernichtet oder nach Moskau verlagert worden. Der Grund der Überprüfung ist jedoch klar. Mascha hatte von ihren Helsinkier Verwandten eine Einladung bekommen, und die sowjetischen Behörden erteilten ihr die Reisegenehmigung. Lena ist überzeugt, dass Mascha sie ohne die Position meines Vaters nicht bekommen hätte. Da die Schiffsverbindung zwischen Helsinki und Tallinn (Reval) erst 1965, ein Jahr nach dem historischen Besuch Präsident Kekkonens in Tartu (Dorpat), eröffnet wurde, musste Mascha von Riga nach Leningrad und von dort mit dem Nachtzug nach Helsinki fahren.

Tante Maschas Besuch ist mir noch sehr gut in Erinnerung. Ich war 15 Jahre alt, und als Schüler der deutschen Schule Helsinki sprach ich Deutsch mit ihr. Ihr Gastgeschenk für meine Eltern war eine schöne chinesische Frauenfigur aus Elfenbein. Zufällig bemerkte ich, dass mein Vater ihr dafür Geld gab; wie hätte ein Gast aus der Sowjetunion damals sonst zu Valuta kommen können? Mascha blieb zwei Wochen in Helsinki und wohnte bei Riko, der Schwester meiner Mutter. In Turku traf sie auch die Verwandten der Frau des jüngsten Bruders meiner Mutter. Jakkos Sohn, mein Cousin, der Musiker Hillel Tokazier, erzählte, dass Tante Mascha von dem jungen Pianisten entzückt gewesen sei und mit ihm Rhythmusübungen gemacht habe.

Wie Lena berichtet, erwogen Mascha und Riko während dieses Besuchs die Möglichkeit, dass sie nach ihrem Schulabschluss im Jahr 1963 mit Rikos Sohn Ben (geb. 1944) eine Scheinehe eingehen könnte, damit Lena nach Helsinki ziehen konnte. Nach reiflicher Überlegung entschied Mascha sich jedoch dagegen. Die Ehe mit einem Ausländer hätte einen Skandal verursacht. Aber noch weit stärker hatte das Trauma der Familie Maschas Beschluss bestimmt. Sie hatte sich einmal von ihrer Familie getrennt und wollte das nicht ein zweites Mal tun. Für Mascha war auch jetzt der Gedanke unerträglich, Lena könnte woanders leben. Ben hat von den Überlegungen, die seine Mutter und Mascha anstellten, nichts mitbekommen.

Für Mascha hatte dieser Besuch sehr große Bedeutung. Aber

die Schwestern Fanny und Riko, die sich seit dem Abbruch der Beziehungen 1937 nicht mehr gesehen hatten, ärgerten sich darüber, dass Mascha mit beiden zu tun hatte oder zu oft bei der einen oder bei der anderen war. Wie Lena es ausdrückte, stritten sie sich »auf echt tokazierische Weise« um die Cousine. Im Nachhinein kann man sich darüber nur wundern. Das war kleinlich und egoistisch, wenn man sich vor Augen führt, dass Mascha in den »Bloodlands« gelebt und dort nur dank ihres Mutes und ihrer Klugheit überlebt hatte. Als mein Vater im Jahr 1963 noch einmal die Jungmans in Riga besuchte, war meine Mutter nicht dabei. Den Grund dafür kenne ich nicht, denn sie reisten sonst viel gemeinsam. Meine Mutter war auch einmal in Moskau gewesen.

Lena nahm 1963 an der staatlichen Universität Lettland das Studium des Französischen auf, nachdem sie bei den Aufnahmeprüfungen die volle Punktzahl 5/5 erzielt hatte. Dass sie so gut abschnitt, das war Marie Nuksha zu verdanken, der Witwe des lettischen Botschafters in Paris, die Sibirien überlebt hatte. Sie hatte Lena Privatunterricht erteilt. In der Schule hatte Lena auch Englisch gelernt. Ihr Studium schloss sie als Jahrgangsbeste mit Bestnote ab, wofür man in der Sowjetunion ein »rotes Diplom« bekam und mit Foto in der Zeitung abgebildet wurde. Dann wurde das Zeugnis widerrufen und die Note herabgestuft, das heißt, Lenas Universitätszeugnis war nun »blau wie das der anderen«. Der Grund dafür war der übliche, das jüdische Kontingent war überschritten.

Nach sowjetischer Praxis wurde den Universitätsabsolventen ein Arbeitsplatz zugewiesen. Lena wurde als Alternativen eine Lehrerstelle oder das Reisebüro Inturist vorgeschlagen. Maschas Reaktion war vorhersehbar: Inturist war eine Organisation des KGB, und die Arbeit dort war eine Hinfahrkarte, denn aus der Welt des KGB gab es keine Rückkehr. So wurde Lena für drei Jahre als Französischlehrerin an eine Rigaer Eliteschule abkommandiert, die Französisch als Schwerpunkt hatte.

Die Arbeit bei Inturist mit ausländischen Touristen hätte Lena interessiert, aber der Wille der Mutter war Gesetz, und das war gut so, denn sonst wären die Probleme später, als die Familie einen Ausreiseantrag stellte, noch größer gewesen.

Der Sieg Israels im Sechstagekrieg im Juni 1967 hatte bei den sowjetischen Juden eine gewaltige Gefühlswallung bewirkt. Die lettischen Musiker des Opernorchesters beglückwünschten Josef und äußerten ihre aufrichtige Bewunderung für die Armee Israels. Der Sechstagekrieg und die schwere Niederlage der Verbündeten der Sowjetunion lösten aber auch einen Propaganda-Angriff Moskaus gegen den »jüdisch-zionistischen Faschismus« aus. Die Sowjetunion brach die diplomatischen Beziehungen zu Israel ab. Das Dramatische der Lage und die propagandistische Breitseite erweckten Ängste. Zugleich verstärkte sich auch das jüdische Nationalgefühl. Die Synagogen füllten sich, und im Untergrund wurden Studienkreise gegründet. Mit anderen zusammen begann Lenas heutiger Ehemann Jevgeni Shatzky, zur Zeit des Sechstagekrieges Kontrabassist der Leningrader Philharmoniker, in einem solchen Zirkel mit dem Studium der hebräischen Sprache. Es entstand eine nie da gewesene Situation. Tausende, ja Zehntausende beantragten, besonders nach dem Sechstagekrieg von 1967, die Genehmigung zur Ausreise aus der Sowjetunion.[17]

Auch bei den Jungmans reifte im Jahr 1969 der Entschluss, die Ausreise zu beantragen. Es brodelte in der Sowjetunion. 1970 entführten elf Personen, die einen abschlägigen Bescheid auf ihr Auswanderungsbegehren erhalten hatten (russisch *otkasnik* oder *refusenik*), in Leningrad ein Flugzeug. Im selben Jahr drangen 25 Rigaer und Moskauer *refuseniks* in das Büro des Moskauer Obersten Sowjets ein und traten in den Hungerstreik. In Riga begannen ein Dissidentenprozess sowie ein Verfahren gegen Personen, die *samisdat*-Texte[18] verbreitet hatten.

Der Genehmigungsprozess setzte eine Einladung voraus,

und die bekam Mascha von ihrer Cousine Raja, die schon 1966 mit ihren Kindern nach Israel ausgewandert war. Raja war gegen Kriegsende aus dem Konzentrationslager Stutthof freigekommen und war vom KZ traumatisiert; Mascha unterstützte sie auf vielerlei Weise und half ihr auch bei der Beschaffung der Ausreisegenehmigung. 1996 suchten sie zusammen die israelische Botschaft in Moskau auf, von wo sie Schlüsselanhänger mit Davidstern und Feuerzeuge mitbrachten. In der Botschaft hatte eine seltsame Stille geherrscht, niemand hatte gesprochen, alle schrieben einander nur Nachrichten auf Zetteln oder benutzten sogenannte Wunderblöcke, von denen man den Text leicht entfernen konnte.

Der von Mascha formulierte Antrag hob hervor, dass Raja nicht mehr in ihrer gegenwärtigen Wohnung leben könne, die in der Nähe des ehemaligen Gettos von Riga lag. Das Hundegebell erinnere sie an das Grauen des Gettos. Raja übertrieb ihre Angstvorstellungen, und das wirkte. Gleichzeitig mit Raja und ihren beiden Kindern bekamen etwa 20 weitere Juden die Genehmigung, Riga zu verlassen. Trotz ihrer schwachen Gesundheit wurde Raja 87 Jahre alt.

Die Stimmung in der Sowjetunion wurde auch durch die Studentenunruhen in Polen vom März 1968, die dadurch hervorgerufene antisemitische Reaktion sowie die Auswanderung polnisch-jüdischer Intellektueller nach Israel beeinflusst. Die Zeitung ›Molodaja Gwardija‹ (Junge Garde) forderte von den sowjetischen Behörden, dem Beispiel Polens zu folgen und die »kosmopolitischen Elemente zu säubern«. »Kosmopolit« war in der Stalinzeit eine gegen die Juden gerichtete Anklage wegen Wurzellosigkeit, also wegen fehlendem Patriotismus.[19]

Die Emigration war auch in Breschnews Sowjetunion möglich, anfangs jedoch nur für Dissidenten. Im Sprachgebrauch des KGB waren die Dissidenten keine Russen, und so wurden ihre Aktivitäten gegen sie selbst verwendet. Bei Andrei Sacha-

Lenas Hochzeit 1966. Josef, Lena und Mascha

row wurde auf seine Ehefrau Jelena Bonner verwiesen, die jüdischer Abstammung war.[20] Die Jungmans reichten den Ausreiseantrag 1969 beim OWiR[21], also bei dem örtlichen Pass- und Registrierungsbüro, ein. Dem Antrag mussten ein Leumundszeugnis der Arbeitsstelle sowie ein Zeugnis über den Austritt aus dem Komsomol, der Jugendorganisation der Kommunistischen Partei, beigefügt werden.

Lena hatte im Jahr 1966 Juri Rabiner geheiratet, und ihr Sohn Daniel (Danik) wurde 1967 geboren. Die jüdische Trauzeremonie in Riga war ein Protest sowie Teil der geistigen Vorbereitung der Familie, denn der Entschluss, nach Israel zu ziehen, war gereift. Die Einreichung des Ausreiseantrags setzte einen großen Prozess in Gang, in dem alle Antragsteller ihre Arbeitsstelle verloren, aber besonders Lena hatte es danach sehr schwer. Die Rektorin der lettischen Eliteschule reagierte entsetzt. »Was hast du mir und der Schule angetan?« Bei den Befragungen im lettischen Unterrichtsministerium befolgte Lena Maschas Rat. Sie verwies auf ihre Mutter, die während der deutschen Besatzung ihre ganze Familie verloren hatte und nicht mehr in Riga leben konnte. Die Rektorin wollte Lena nicht entlassen, wie sie es hätte tun müssen, sondern bat sie, selbst zu kündigen, so sei es besser. Die lettischen Lehrerkollegen kamen, drückten Lena die Hand und hofften, auch Lettland könnte unabhängig werden so wie Israel.

Was Lena und ihr Mann im *Raikom*, dem Bezirkskomitee des Komsomol, erlebten, war besonders widerwärtig. Sie wurden des Vaterlandsverrats bezichtigt. Die Leute vom Komsomol, die sich in ihren Zorn hineinsteigerten, drohten ihnen und fragten, was sie tun würden, wenn sie an der Front aufeinanderträfen: »Werdet ihr auf uns schießen, wenn wir in den Reihen der Ägypter gegen Israel kämpfen?«

Der Antrag der Jungmans wurde abgelehnt, und zwei Jahre lang hingen sie in der Luft. Sie wurden *otkasniks*, abgelehnte Ausreisebewerber. Die jungen *refuseniks* Lena und Juri fanden Gelegenheitsjobs. Lena machte Übersetzungsarbeiten für das Patentbüro. Plötzlich, im März/April 1971, bekam die Familie eine Aufforderung, im OWiR zu erscheinen, wo ihnen mitgeteilt wurde, dass sie fünfzehn Tage Zeit hätten, die Sowjetunion zu verlassen. Einen neuen Antrag brauchten sie nicht zu stellen. Nun kamen fürchterliche Eile und Hektik auf. Es galt zu klären, was sie mitnehmen durften, und zu beschließen, was sie mitnehmen konnten oder sollten.

In den Jahren 1948–1968 hatte die Sowjetunion nur 12 000 Juden die Ausreise erlaubt. Die Schleusen öffneten sich 1971, und die große Auswanderung *alija* begann. 13 000 Juden konnten das Land verlassen, darunter auch die Familie Jungman. 98 Prozent von ihnen gingen nach Israel. 1972 hatte sich die Zahl mehr als verdoppelt und betrug 32 000, und 1973 gab es bereits 35 000 jüdische Emigranten. Als Erste konnten die baltischen und die georgischen Juden[22] das Land verlassen. Der Rekord wurde 1979 erreicht, als 51000 Juden aus der Sowjetunion emigrierten. Insgesamt wanderten in den Jahren 1968–1986 aus der Sowjetunion 270000 jüdische Emigranten aus. Die Beschränkungen der Auswanderung wurden von der Sowjetunion erst 1989 aufgehoben.

In die Levante

Der Aufbruch aus Riga geschah wie im Traum, erinnert sich Lena. Es gab unendlich viel zu tun, aber die sowjetischen Behörden hatten nur eine Frist von 15 Tagen bewilligt. Die Jungmans schafften es, alles zu erledigen, aber auf den wertvollen, 1897 in Leipzig gefertigten Blüthner-Flügel der Großmutter mussten sie verzichten. Er hatte den Krieg in ihrem Heim in der Gertrudstraße unbeschadet überstanden, aber die sowjetischen Behörden erlaubten nicht, ihn auszuführen. Mascha tauschte den Flügel gegen ein kleines italienisches Klavier ein, das ihr im Lauf der Jahre lieb und wert wurde.

Die Ausreisegenehmigung war praktisch auch das »Ausreisevisum«, ein mit Foto versehenes Formular. Damit war es dem Inhaber, der auf die sowjetische Staatsangehörigkeit und den sowjetischen Pass verzichtet hatte, gestattet, das Land zu verlassen, »um dauerhaft in Israel zu wohnen«, wie es in dem Formular heißt. Dafür brauchten Lena und ihr Mann zu dem Zeitpunkt noch nicht die sogenannte Diplomsteuer zu zahlen, eine Entschädigung für ihre Hochschulausbildung. Diese Steuer wurde erst 1972 eingeführt. Wegen der internationalen Proteste verzichtete die Sowjetunion wenig später darauf, ersetzte sie jedoch durch andere Gebühren. Lenas zweiter Mann Jewgeni dagegen entrichtete 1974 die Diplomsteuer, die ihm von der Jewish Agency[1] gegen Quittung in voller Höhe erstattet wurde. Für dieses Geld kaufte Jewgeni sich sein erstes Auto.

Normalerweise fuhren die Juden, die eine Ausreisegenehmigung erhalten hatten, nach Moskau und von dort nach Wien.

Im Frühjahr 1971 war Moskau jedoch geschlossen. In der Stadt tagte der 24. Parteitag der Kommunistischen Partei der Sowjetunion (30. März – 9. April), und man wollte jegliche Störung vermeiden. So fuhren Mascha, Josef und Lena, deren Mann und der vierjährige Sohn Danik mit dem Zug von Riga direkt nach Minsk. Die Grenze der Sowjetunion überschritten sie am 20. April 1971 in Brest, von wo die Reise sie über Warschau nach Wien führte.

Österreich war im Jahr 1968 eine Etappe der jüdischen Immigranten geworden. Die anderen von der Jewish Agency geprüften Alternativen waren Rumänien, das die sowjetischen Juden als kommunistisches Land mieden, die Niederlande und Norwegen, die sich jedoch aus Furcht vor dem arabischen Terrorismus verweigerten.

Die guten Beziehungen des aus einer jüdischen Familie stammenden österreichischen Bundeskanzlers Bruno Kreisky zur arabischen Welt, besonders zu dem ägyptischen Präsidenten Anwar Sadat, erleichterten es den arabischen Ländern, das neutrale Österreich und Wien als Zwischenziel der jüdischen Migranten zu akzeptieren. Bis 1973 reisten praktisch alle Juden, die die Sowjetunion verlassen konnten, weiter nach Israel. Die Anziehungskraft der Vereinigten Staaten wuchs in dem Maße, wie der Hintergrund der Emigranten sich veränderte. Israel lockte die säkularisierten sowjetischen Juden nicht in demselben Maß wie diejenigen mit einer jüdischen Identität.

Im Schloss Schönau[2] außerhalb von Wien erkannte Mascha einen ehemaligen Botschaftssekretär der israelischen Botschaft in Moskau wieder, mit dem sie 1966 die Auswanderung von Tante Raja organisiert hatte. Jetzt war der Mann als Vertreter der Jewish Agency in Schönau tätig. Die Jewish Agency befragte jede Person, die nach Israel reiste.

In Schönau blieben sie drei Tage. Die Flüge nach Israel fanden aus Angst vor Terrorismus nachts statt. Vom Lod Airport, Tel Aviv, heute Ben-Gurion-Airport, ging die Reise dann direkt in die Wüste Negev ins Aufnahmezentrum (*absorption center*) Dimona weiter. In Dimona liegt auch das israelische Kernforschungszentrum (*Negev Nuclear Research Center*), aber das wurde Lena erst später klar.

In Dimona verbrachten die Jungmans sechs Monate im *ulpan*, dem Unterrichtszentrum für Hebräisch, wo den Einwanderern die Grundkenntnisse der Sprache beigebracht wurden. Das Hebräische bereitete besonders Josef Schwierigkeiten. Mascha lernte schneller und kam, wie Lena berichtete, letztlich gut damit klar. Lena und ihr Mann, ganz zu schweigen von Danik, fanden sich als junge Menschen bald in der neuen Sprache zurecht.

Die hebräischen Buchstaben hatte Lena schon in Riga gelernt, wo ein Elementarbuch des Hebräischen mit dem Titel ›Tausend Wörter‹ (*elef milim*) von Hand zu Hand gegangen war. Sowohl Mascha als auch Josef, so Lena, konnten Jiddisch (das mit hebräischen Buchstaben geschrieben wurde), wobei Mascha es besser sprach. Die Familiensprache in Riga war Russisch gewesen, aber die Eltern sprachen untereinander oft Deutsch, das Lena nicht verstand. Das Jiddische war in Lettland vor dem Krieg die Sprache der ärmeren, ungebildeten jüdischen Bevölkerung gewesen, die von den Zionisten aus prinzipiellen Gründen gemieden wurde. Deutsch wiederum war die Bildungssprache der Juden in Lettland. Josef hatte als kleiner Junge vor dem Umzug der Familie nach Riga, im lettgallischen Krustpils (Kreuzburg) ein Jahr lang im Cheder[3], der traditionellen ostjüdischen Schule für Jungen, Hebräisch gelernt. Mascha und ihre Schwestern waren von einem Hauslehrer im Hebräischen unterrichtet worden, aber die Einstellung dazu war beiderseits recht unbekümmert gewesen. Beide Eltern erinnerten sich wohl an einige Wörter und Redewendungen, aber das Studium des modernen Hebräischen mussten sie von vorn beginnen.

Die ersten Monate waren schwer, obwohl die Stimmung unter den Immigranten nach Lenas Worten euphorisch war. Lenas Briefe an die Freundinnen wanderten in Riga von Hand zu Hand. Lena zog mit Mann und Sohn Danik im Herbst 1971 nach Jerusalem, und Mascha und Josef zogen in das Gebiet Tel Aviv, zunächst nach Jaffa und später nach Ramat Gan.

Dem 63-jährigen Josef wurde bald klar, dass er in den Orchestern von Israel keine Arbeit finden würde. Der Mitarbeiter der Jewish Agency, bei dem Josef sich nach Arbeitsmöglichkeiten in den Orchestern erkundigte, erklärte ihm unfreundlich: »Vergessen Sie das, Israels Musikerwanne läuft jetzt schon über.« Deshalb blieb Josef nichts anderes übrig als zu unterrichten. Das war hart, die heißen, langen Busfahrten zu den verschiedenen Musikschulen kosteten ihn viel Kraft. Obwohl er die Arbeit mit den Kindern liebte, litt er darunter, nicht gut genug Hebräisch zu können. Auch sonst stellte Israel sich Josef nach seinen eigenen Worten als »volle Levante«[4] dar, war heiß und lärmig. Mascha wiederum kränkelte, der Blutdruck und die Nieren machten ihr zu schaffen. Mascha und Josef fanden in Israel nur ein kärgliches Auskommen. Praktisch lebten sie von einer kleinen Volksrente, die Israel ihnen gewährte.

Mascha machte sich Sorgen wegen Josefs Depressionen. Sie erzählte Lena, dass der Vater entweder Geige übe oder stundenlang schweigend aus dem Fenster starre. Aber wieder wusste sie, was zu tun war. Sie informierte sich darüber, welche Chancen es für sie beide und zumal für Josef gab, eine Rente und Entschädigung sowie eine Aufenthaltsgenehmigung und sogar die deutsche Staatsangehörigkeit zu bekommen – war er doch 1933 gezwungen worden, sein Studium abzubrechen und Deutschland zu verlassen.

Wiedergutmachung für etwas, das nicht wiedergutzumachen ist

Der Weg der nach der bedingungslosen Kapitulation Deutschlands und den anschließenden Jahren der Besatzung entstandenen Bundesrepublik Deutschland zur Aussöhnung mit Israel war schwierig.[1] Der erste Bundeskanzler Konrad Adenauer sprach in seinen Memoiren von moralischer Schuld. Das war das Kernprinzip der deutschen Außenpolitik und die Voraussetzung für die Rückkehr in die Völkerfamilie als gleichberechtigtes Mitglied. Es war das Leitmotiv der Politik Adenauers. Er akzeptierte keine Kollektivschuld, wohl aber die kollektive Verantwortung der Deutschen für das Geschehene.

Für alle Nachfolger Adenauers war es eine Herausforderung, die richtigen Worte zu finden. Die Wortwahl Angela Merkels geht jedoch weiter als die ihrer Vorgänger. Als sie im März 2008 vor der Knesset, dem israelischen Parlament, sprach, sagte sie: »Israels Sicherheit ist Teil der Staatsräson Deutschlands.« Für sie bedeutete die Schoa[2] einen Zivilisationsbruch[3]. Bundespräsident Joachim Gauck wiederum sagte im Januar 2015 anlässlich des 70. Jahrestags der Befreiung von Auschwitz im Bundestag: »Es gibt keine deutsche Identität ohne Auschwitz.«

Der Weg zu einer solchen Vorbehaltlosigkeit war jedoch lang. Gleichzeitig wurden die Positionen Israels im Lauf der Jahre offener. Bis 1956 trugen die israelischen Pässe einen Stempel, der Reisen nach Deutschland verbot. Im israelischen Rundfunk wurde Wagner-Musik erst ab 1974 erlaubt, in der israelischen Philharmonie erst sieben Jahre später, 1981.

Israel lehnte es ab, sich in Sachen Entschädigung direkt an die Bundesrepublik Deutschland zu wenden, und tat das schließlich durch Vermittlung der westlichen Alliierten. Der Staat Israel, der den Freiheitskrieg von 1948–1949 überlebt hatte, war bitterarm und litt an chronischem Devisenmangel. In einer Situation, in der das Land Schwierigkeiten hatte, auch nur die importierten Lebensmittel zu bezahlen, beschloss die Regierung, bei Deutschland Reparationen zu beantragen. Die Verhandlungen fanden in den Niederlanden in Wassenaar statt, und das Abkommen wurde in Luxemburg unterzeichnet. Dan Diner schildert detailliert den innenpolitischen Kampf Israels und den wütenden Widerstand des in Totalopposition zur Regierung stehenden späteren Ministerpräsidenten Menachem Begin. Bei der drei Tage dauernden Debatte der Knesset bezeichnete Begin die Verhandlungsbereitschaft Israels als Ablasshandel.[4]

Deutschland war ein Land in Acht und Bann so wie seinerzeit Spanien während der Inquisition. Der Kern des Streits betraf den Umfang des Banns – die Frage, ob es sich um den Befehl zur rituellen Vernichtung des alttestamentlichen Erzfeindes handelte oder um eine freiwillige Definition der Staatspolitik Israels. Außenminister Moshe Sharett berief sich auf das Interesse des Staates und darauf, dass die Gründung des Staates Israel die Lage verändert habe. Aufgabe der israelischen Regierung sei es, die Existenz und Sicherheit des jüdischen Staates zu sichern. Deshalb müsse auch mit Deutschland verhandelt werden.

In dem Luxemburger Abkommen, das durch Vermittlung der westlichen Alliierten im Jahr 1952 zustande gekommen war, verpflichtete sich Deutschland zur Zahlung von »Reparationen«. Dabei handelte es sich um den ersten Staatsvertrag Westdeutschlands, das erst einen Teil seiner Souveränität zurückbekommen hatte. Adenauer akzeptierte nicht die Formulierung im Entwurf zur Eröffnungsrede von Außenminister Sharett von einer »kaum sühnbaren deutschen Schuld«. Der tief katholische Adenauer sagte, er selbst könne damit leben, aber das deutsche Volk nicht. Die Buße für Sünden zu verweigern widerspreche dem christlichen Glauben.

Dan Diner spricht von einem »rituellen Abstand«, der bei den Verhandlungen eingehalten worden sei. Sharett verzichtete darauf, seine vorbereitete Rede zu halten, und die Beratungen im niederländischen Wassenaar begannen früh morgens mit einer Schweigeminute. Die Parteien gaben sich auch nicht die Hand, eine knappe Verbeugung genügte. Die Beratungen, die mithilfe von Dolmetschern geführt wurden, veranlassten die Medien zu fragen, welcher Sprache sich Sharett außerhalb der Verhandlungen mit Adenauer bediente, worauf der israelische Außenminister zur Antwort gab: »Goethes Sprache.« Sämtliche Mitglieder der israelischen Delegation außer dem in Polen geborenen Sharett waren ursprünglich deutschsprachig.

Das erste Treffen von Adenauer und Ministerpräsident Ben-Gurion fand im Jahr 1960 im Hotel Waldorf Astoria in New York statt. Diplomatische Beziehungen wurden erst 1965 aufgenommen. Diesmal zögerten die Deutschen wegen der sogenannten Hallstein-Doktrin[5], weil sie befürchteten, dass im Gegenzug die Araber die DDR anerkennen würden. Trotz der fehlenden offiziellen Beziehungen lieferte Deutschland schon Ende der 1950er-Jahre Waffen an Israel. Mit der Zeit entwickelte sich aus der Annäherung von Israel und Deutschland eine besondere Beziehung.

Wörter und Begriffe sind bedeutungsschwer. Bei den Beratungen von Wassenaar akzeptierten die Israelis die Reparationen nicht als endgültigen »*Ausgleich*«, sondern lediglich als »*Kompensation*«. Die Juden akzeptierten die deutsche Umschreibung *Wiedergutmachung* nicht. Sie verlangten eine Entschädigung für das geraubte Eigentum und die Rückgabe der

Kunstgegenstände. Verzeihung zu gewähren sei allein das Vorrecht der Holocaust-Opfer – oder Gottes.

Die gesetzliche Grundlage für Entschädigungen, die an einzelne Personen geleistet wurden, bildete das *Bundesentschädigungsgesetz* (BEG) von 1956, das ursprünglich die Entschädigungsgrundlagen für die aus den deutschen Ostgebieten sowie aus Ost- und Südosteuropa vertriebenen Deutschen regelte.[6] Wegen seiner Geschichte war Deutschland jahrhundertelang eher *Kulturnation* als ein Staat. Viele Deutsche lebten außerhalb des Deutschen Reichs. Daraus resultierte das Begriffspaar »Reichsdeutsche« und »Volksdeutsche«. Hitler-Deutschland ideologisierte den Begriff, indem es ihn rassisch definierte, die Bundesrepublik Deutschland dagegen, die sich als Nachfolgestaat des Deutschen Reichs bekannte, entideologisierte ihn. Das ermöglichte es, auch die deutschsprachigen Juden als zur Nation gehörende Deutsche zu definieren und sie als »Heimatvertriebene« und »Aussiedler« zu behandeln, allerdings als Sonderkategorien.

Diese Konstellation war mehrdimensional. Das BEG wurde im Lauf der Jahre immer wieder ergänzt und neu interpretiert. Wer war ein Deutscher? Das Endergebnis war eine umfassende Auslegung, durch die alle *Volksdeutschen* in den Geltungsbereich des Gesetzes aufgenommen wurden. Die Zahlung von Entschädigungen an Juden wurde dadurch möglich, dass man sie als »*Fiktivvertriebene*« behandelte.

Letztendlich wurde die Entschädigung an jüdische Einzelpersonen aufgrund des Grads von »Deutschtum« geleistet, obwohl alle Juden gleichermaßen verfolgt worden waren. Deutsche Staatsbürger erhielten eine Entschädigung in voller Höhe. Eine teilweise Entschädigung erhielten diejenigen, die zum deutschen Sprach- und Kulturgebiet gehört hatten, und leer gingen diejenigen aus, die keine Beziehung zu Deutschland gehabt hatten.

Als entscheidendes Kriterium bildete sich »die Zugehörigkeit zum deutschen Sprach- und Kulturgebiet« heraus. Die Definitionen waren jedoch subtil. Zur Hitlerzeit in Deutschland gebräuchliche ideologische Ausdrücke wie *Deutschtum* und *Volkstum* wurden vermieden. Sie waren auch für die jüdischen Verfolgten verletzend. Von Juden, anders als von anderen Vertriebenen, wurde auch nicht das Bekenntnis zum Deutschtum verlangt; das galt im Fall der Juden als unangemessen und kränkend. Letztlich war das erstrangige Kriterium für die Zugehörigkeit zum deutschen Kultur- und Sprachraum die Sprachfertigkeit, die unter anderem dadurch getestet wurde, dass man diejenigen, die eine Entschädigung beantragten, einen in Fraktur gedruckten deutschen Text lesen ließ. Besonderes Augenmerk wurde auch darauf gerichtet, ob der Antragsteller ein »natürliches« Deutsch sprach. Streitfälle entstanden dann, wenn es darum ging, den Hintergrund von mehrsprachigen Personen zu akzeptieren. Der Bundesgerichtshof, das oberste Gericht der Bundesrepublik Deutschland, entschied 1970, dass jemand, der mehreren Sprach- und Kulturkreisen angehörte, die Prämissen des Gesetzes erfüllen kann.

Das Verfahren war für die Antragsteller hart. Schon allein der Nachweis, deutschsprachig zu sein, wenn die Deutschen die nächsten Angehörigen ermordet hatten, muss traumatisch gewesen sein. Es war eine kafkaeske Situation: Die Antragsteller mussten nachweisen, dass sie zu demselben Sprachgebiet gehörten wie ihre Verfolger. So wäre beispielsweise die Forderung, nur zum deutschsprachigen Kulturkreis zu gehören, für Mascha und Josef absurd gewesen. Zu den Besonderheiten des Beantragungsprozesses gehörte auch, dass die erste Anhörung in Israel stattfand und von israelischen Behörden durchgeführt wurde. Franz Kafkas Türhüter-Parabel aus seinem Roman ›Der Prozess‹ beschreibt die Konstellation. Der Antragsteller, der eine Entschädigung begehrte, hatte vor sich immer wieder eine neue Tür, durch die er gelangen musste.

Mascha wusste, dass Josef sich mit ihrem Leben in Israel nicht anfreunden konnte. Und so hatte sie beschlossen, dass sie und besonders Josef in Deutschland eine Entschädigung beantragen mussten. Der Prozess wurde in Israel in Gang gesetzt, aber seine abschließende Durchführung erforderte die Auswanderung nach Deutschland.[7] Anfangs lehnte Josef diesen Gedanken vollkommen ab, denn nach Deutschland zu ziehen empfand er als undenkbar. Doch schließlich, im April 1974, zog der 67-Jährige in das provisorische Durchgangsheim für Aussiedler in West-Berlin im Stadtteil Marienfelde, wofür ihm als »Mittellosem« eine Unterstützung gezahlt wurde. Der restliche Papierkrieg war nur kurz. Schon im Juni erklärte der Referent der Innenbehörde des Berliner Senats, dass Josefs Antrag und seine Erklärung der deutschen Volkszugehörigkeit die Vorgaben des Gesetzes erfüllten.

Das Fazit der Entscheidung über Josefs Antrag bestand darin, dass Josefs Eltern Deutsche waren und Josefs Mutter- und Familiensprache Deutsch war. Josef hatte eine deutsche Schule besucht und in Berlin studiert. Er beherrschte die deutsche Sprache sowohl mündlich als auch schriftlich. Die von Josef eigenhändig verfassten Schilderungen seines familiären Hintergrunds, die sich unter den Antragspapieren befanden, sind in gut lesbarer deutscher Handschrift abgefasst. Außerdem war Josef in Riga Mitglied der deutschen Organisationen Deutscher Musikverein Harmonia und Deutscher Musiklehrerverein gewesen. Bei der Beurteilung des Antrags wird auch die »Glaubwürdigkeit« des Antragstellers bewertet durch Hinweis auf Personen, die Josef und seine Familie in Riga gekannt hatten. Laut diesen Aussagen handelte es sich um eine »volksdeutsche Familie«, die dem deutschen Sprach- und Kulturkreis angehörte.

Im September 1974 wurde Josef ein Dokument überreicht, in dem festgestellt wird, dass seine Rechte der Stellung eines deutschen Staatsbürgers entsprechen. Mascha, die im Herbst nach Berlin gezogen war, bekam als Ehegattin ein entsprechendes Zeugnis im Februar 1975. Mascha und Josef beantragten noch im selben Monat die Einbürgerung, die ihnen am 29. Juli 1975 gewährt wurde, also ein gutes Jahr nach Josefs Ankunft in West-Berlin und zwei Tage vor Eröffnung der KSZE-Konferenz in Helsinki. Schon im Frühjahr waren sie von dem Durchgangsheim in ihre neue Wohnung in der Otto-Suhr-Allee in der Nachbarschaft von Schloss Charlottenburg eingezogen.

Josef wurde ein Altersruhegeld gewährt, das nach der letzten Anpassung monatlich 2500 D-Mark betrug. Mit der Bewilligung der deutschen Staatsangehörigkeit war Josef in das deutsche Rentensystem aufgenommen worden.[8] Das deutsche Fremdrentengesetz über die Grundlagen der an Vertriebene und Rückkehrer zu zahlenden Renten[9] von 1959 teilt die in das deutsche Rentensystem Aufgenommenen in drei Leistungsgruppen ein. Danach ordnete die deutsche Rentenanstalt die Anfangsjahre von Josefs Arbeitsleben in die Gruppe zwei (30 Jahre in einem Kulturorchester) und die letzten Jahre (Führungsaufgaben) in die Gruppe eins ein. Die von Deutschland gezahlten Renten waren nach diesem System von beachtlicher Höhe. (Nach dem dramatischen Anwachsen der Migranten wurde das Gesetz im Jahr 1992 geändert.) Auf diese Weise wurde Josef, als er die deutsche Staatsangehörigkeit bekommen hatte, in Bezug auf sein Arbeitsleben und seine Rente einem deutschen Musiker gleichgestellt.

Josef traf in Berlin auch alte Freunde aus seiner Studienzeit, die ihn überrascht und herzlich empfingen, als er plötzlich in der Stadt auftauchte. Die Nachfolge-Institution seiner alten Lehranstalt, eine Hochschule, veranstaltete Josef zu Ehren einen kleinen Empfang. Für Josef war die Rückkehr in die Stadt seiner Jugend eine große Sache. Wie Lena berichtete, sah ihr Vater sich den Film ›Cabaret‹ aus dem Jahr 1972 mindestens dreimal an. Er fand, der nach dem 1939 erschienenen Roman von Christopher Isherwood (›Goodbye to Berlin‹) gedrehte Film gebe die Atmosphäre der glücklichen Jahre Berlins sehr gut wieder.

Josefs Freunde halfen ihm auch, Auftrittsmöglichkeiten zu

finden. Lena erzählte, ihr Vater sei glücklich gewesen, weil er wieder musizieren konnte. Dank seines beharrlichen und zähen Übens war er bei seinem Umzug nach Berlin in ausgezeichneter Spielverfassung. Ihm boten sich zahlreiche Möglichkeiten, in den Orchestern der Stadt zu spielen, und manchmal war er sogar zwei Monate in Berlin allein, wenn Mascha in Jerusalem Lena und den Enkel Danik besuchte. Lenas erste Ehe hatte 1976 geendet.

Nach Ansicht von Lenas zweitem Mann Jewgeni Shatzky, nun Kontrabassist der israelischen Philharmoniker, war Josefs Rettung die Tatsache gewesen, dass er ständig geübt hatte, andernfalls hätte er seine Fähigkeit zu spielen verloren. Nach Jewgenis Worten ist der Musiker Sklave seines Instruments. Wenn er nicht mit dem Instrument lebt, verlässt es ihn.

Mascha und Josef wohnten bis zu ihrem Tod in Berlin. Beide sind in Jerusalem begraben. Mascha starb 1983 mit 70 Jahren, und Josef starb 1986. Ich lernte den munteren, ein schönes Baltendeutsch sprechenden 79-jährigen Josef im Frühjahr seines Todesjahres kennen.

Ohne die Kenntnis des historischen Hintergrunds und der Entwicklung der Auslegungen der »Wiedergutmachung« ist es unmöglich, die Bearbeitung von Josefs Antrag zu verstehen. Kafkas Türhüter war weich geworden, so stark unterschied sich die Auslegung des Gesetzes aus dem Jahr 1956 zu Josefs Zeit von der ursprünglichen. Allerdings war auch die Anzahl der aus der Sowjetunion nach Israel und von dort nach Deutschland gezogenen Juden Mitte der 1970er-Jahre noch gering. Die meisten sowjetischen Juden, die während der ersten Jahre auswandern konnten, kamen aus dem Baltikum und aus Georgien. Nur von den aus dem Baltikum stammenden Juden konnte angenommen werden, dass sie einen deutschen kulturellen Hintergrund hatten. Dennoch dürfte die Flexibilität, mit der die Bundesrepublik Deutschland den Juden begegnete, die sich um Entschädigung und um die deutsche Staatsangehörigkeit bemühten, einzigartig sein. Mascha und Josef besaßen zum Zeitpunkt ihres Todes einen deutschen Pass, auf dessen Titelblatt versichert wird: »Der Inhaber dieses Passes ist Deutscher.« Deutschland wollte etwas wiedergutmachen, was nicht wiedergutzumachen ist.

Restitution

Im September 1971 zog Lena mit ihrer Familie von Dimona nach Jerusalem, wo ihr Mann eine Arbeit gefunden hatte. Auch Lena bekam eine Stelle in der Schulbehörde von Jerusalem. Die rasch wachsende Zahl der russischsprachigen Ankömmlinge machte sich auch im Schulwesen bemerkbar. Lenas mündliches Hebräisch wurde für ausreichend erachtet, und sie wurde als Kontaktperson für immigrierte Schüler eingestellt.

Im Winter 1972 suchte der Rundfunksender Kol Yisrael per Zeitungsannonce neue Mitarbeiter für seine russischsprachige Redaktion. Lena bewarb sich und wurde zu Tests eingeladen. Alle Bewerber wurden getestet. Die wesentlichen Auswahlkriterien waren russische Sprachkenntnisse und eine Radiostimme. Die Ausbildung dauerte sechs Monate, und 20 Bewerber bestanden die Abschlussprüfung, darunter auch Lena. Das war nicht weiter erstaunlich, denn Lena spricht ein schönes, gepflegtes Russisch und schreibt einen lebendigen Stil. Sie begann als Praktikantin in der Nachrichtenredaktion und erinnert sich immer noch an die Ekstase der ersten Sendungen, die ihr in Erinnerung riefen, wie die Menschen in Riga die Nachrichten von Kol Yisrael gehört hatten.

Die Wurzeln von Kol Yisrael reichten bis in die Zeit des britischen Mandats Palästina und zum Palestine Broadcasting Service zurück, der 1936 von der BBC gegründet worden war. Die russischsprachigen Sendungen von Kol Yisrael begannen offiziell im Jahr 1958, aber schon vorher wurden russischsprachige Sendungen für die BBC und Radio France ohne Angabe der Quelle produziert. Offiziell starteten die russischsprachigen Sendungen 1958 am 10. Jahrestag der Gründung des Staates Israel. Die Tätigkeit war von Anfang an geheimnisumwittert. Alle Redakteure traten unter Pseudonym auf. In Israel gab es damals sehr wenige junge Menschen, die Russisch als Muttersprache hatten und sich zu Rundfunkredakteuren eigneten. Die zweimal wöchentlich ausgestrahlten Sendungen dauerten anfangs nur fünfzehn Minuten. Sie konzentrierten sich zumeist auf religiöse Themen sowie auf Kultur und Themen des Lebens in Israel. In jener Phase wurde die Politik noch außen vor gelassen, damit die Sowjetunion die Sendungen nicht störte. Mitte der 1960er-Jahre änderten sich Stil und Rhythmus, und es wurde täglich gesendet. Vor dem Sechstagekrieg sowie während des Krieges 1967 sendete Kol Yisrael schon zwei Stunden täglich Programme in russischer Sprache und erreichte eine wachsende und begeisterte Hörerschaft in der Sowjetunion. Im Jahr 1972 begann die Sowjetunion, die Sendungen von Kol Yisrael zu stören, was erst 1988 ein Ende fand. Mit dem Beginn der Massenauswanderung Anfang der 1990er-Jahre wuchs die Bedeutung der russischsprachigen Sendungen auch innerhalb Israels, sie kamen rund um die Uhr, und der Anteil der Politik nahm zu.

Lena arbeitete bis 1995 in der Jerusalemer Redaktion von Kol Yisrael und von 1995 bis zu ihrem Ruhestand im Jahr 2011 in der Tel Aviver Redaktion, die sich auf die Sendungen für die russischsprachigen Einwanderer konzentrierte. Lena lieferte das Wochenprogramm über aktuelle Ereignisse. Außerdem stellte sie den morgendlichen Überblick über die hebräische Tagespresse zusammen und war für das Programm ›Die Woche in der Knesset‹ verantwortlich. Lange nach ihrer Verrentung bekam Lena noch Hörerpost, unter anderem in Form von Neujahrsgrüßen an ihr Pseudonym Ilana Rave, unter dem sie all die Jahre bei Kol Yisrael bekannt war.

In der veränderten Lage nahm Israel im Jahr 1991 mit einem eigenen Ausstellungsstand an der Moskauer Buchmesse teil, zu der auch Lena auf eine sechswöchige Dienstreise geschickt wurde. Die Rückkehr nach Moskau war für sie eine beängstigende Erfahrung. Sie erinnerte sich, vor ihrer Abfahrt im Mai 1991 zu ihrem damals schon 24-jährigen Sohn Danik gesagt zu haben, was, wenn in der Sowjetunion ein Militärputsch stattfindet. Danik hatte nur gelacht. Der Anblick eines sowjetischen Grenzschützers auf dem Flughafen Scheremetjewo löste bei Lena eine Panikreaktion aus. Dahinter stand, wie sie sagte, die irrationale Angst und das Gefühl der Ohnmacht vor der Amtsgewalt, die ihr Albträume verursachte. Für einen Menschen aus dem Westen, der sein ganzes Leben in Freiheit verbracht hat, ist es schwer, dieses Angstgefühl eines Sowjetmenschen oder ehemaligen Bürgers der Sowjetunion ganz zu verstehen. Moskau zu sehen war für Lena ein Schock. Das Land befand sich in einer tiefen politischen Krise, und in der Stadt herrschte schwere Lebensmittelknappheit. Witzbolde sprachen von den »erotischen nackten Regalen« der Moskauer Geschäfte.

Die Reise nach Moskau bot Lena die Gelegenheit, am Wochenende auch Riga zu besuchen. Einige Juden, die gehört hatten, dass die Jungmans schon in den 1970er-Jahren ausgewandert waren, wunderten sich über die Entscheidung: »Damals konnte man in der Sowjetunion noch gut leben!« Wichtiger als die Lebensverhältnisse waren die Einstellung zum sowjetischen Staat und die jüdische Identität. In Riga begriff Lena auch, dass das von Lettland verabschiedete Gesetz über die Rückgabe oder Restitution von unrechtmäßig verlorenem Eigentum auch sie und die seinerzeit ihren Großeltern gehörende Immobilie unter der Adresse Gertrudstraße 4 betraf. So stellte Lena 1992 dem Sohn einer bekannten jüdischen Familie, Pawel, eine Vollmacht aus, und er setzte einen langen und komplizierten Prozess in Gang.

Die lettische Restitutions-Gesetzgebung war im Vergleich zu

den anderen baltischen und den osteuropäischen Ländern sehr weitreichend, sogar »radikal«.[1] Pawel ging durch alle Instanzen, und Lena erinnert sich an seine Antwort, die er den Behörden gab, als sie von ihm ein Zeugnis darüber verlangten, dass die frühere Besitzerin des Hauses in der Gertrudstraße keine anderen Erben habe als die in Israel lebende Lena. Pawel hatte die Beherrschung verloren und gesagt, dass damals keine Totenscheine ausgestellt worden seien, als »unsere Leute umgebracht wurden«.

Das Haus ging 1996 in Lenas Besitz über. Das fünfstöckige Jugendstilhaus war in schlechtem Zustand und hatte Wasserschäden. Die großen herrschaftlichen Wohnungen wurden zumeist immer noch als *kommunalka* von mehreren Mietparteien genutzt. In jeder wohnten durchschnittlich drei Familien. Das Gesetz sah vor, dass für jede Familie, die zum Ausziehen gezwungen wurde, zuvor eine Ersatzwohnung nachgewiesen werden musste. Lena hatte keine andere Alternative, als das Haus zu verkaufen. Als sie im Jahr 2003 anlässlich eines 40-jährigen Klassentreffens zum zweiten Mal Riga besuchte, lief der Verkauf noch. Er zog sich aus verschiedenen Gründen hin, und Lena bekam die letzte Rate erst 2006. Damit bezahlte sie den letzten Teil des Darlehens für ihre Wohnung in Ramat Gan bei Tel Aviv.

Die Kreise schneiden und schließen sich

In den Schicksalen meiner Mutter und ihrer Cousine Mascha nach der Hochzeit Fannys mit Bruno Nyberg gibt es nur wenige Berührungspunkte. Aber ihre Geschichten haben gewissermaßen ein glückliches Ende, das ich als ein sich-schließen-der-Kreise beschreiben möchte, obwohl sie sich auf unterschiedliche Weise und zu verschiedenen Zeiten schlossen.

Finnlands Situation war in vielerlei Weise anders als die Lettlands, das der Sowjetunion angegliedert worden war und in den Kriegsjahren drei Besetzungen erlebt hat. Max Jakobsons älterer Bruder Leo Jakobson fasste die Unsicherheit in Worte, die die Atmosphäre gut wiedergeben. Leutnant Leo Jakobson, der als Nachrichtenoffizier im finnischen Hauptquartier diente, sagte die Niederlage Deutschlands voraus und vermutete deshalb, dass seine Überlebenschancen als Finne und Verbündeter Deutschlands schwächer, als Jude jedoch besser sein würden.[1]

Das Überleben von Mascha und Josef in den Bloodlands war in vielerlei Hinsicht zurückzuführen auf Maschas Klugheit und Entschlossenheit sowie ihre Fähigkeit, zur rechten Zeit die richtigen Entscheidungen zu treffen. Einige Entscheidungen unterblieben jedoch oder wurden nicht umgesetzt wie die Flucht in den Iran oder nach Schweden. Der letzte entscheidende Beschluss in Maschas und Josefs Leben war der Umzug von Israel nach Deutschland und West-Berlin 1974, nur drei Jahre, nachdem die Familie endlich die Sowjetunion hatte verlassen können. Zeit war vergangen, und die Welt hatte sich verändert. Der Beschluss, nach Berlin zu ziehen und die deutsche

Lena und ihre 18-jährige Enkelin, Daniks Tochter, die gerade ihren Militärdienst angetreten hat, im Mai 2015

Staatsangehörigkeit sowie eine Rente zu beantragen, ging auf Mascha zurück, und seine Umsetzung bedeutete Josefs Rettung.

Lena war 24 Jahre alt, als die Familie die Genehmigung be-

René und Kaisa Nyberg im Januar 1975 im Atelier des nonkonformistischen Künstlers Oskar Rabin

antragte, nach Israel auszuwandern, und sie erhielt sie zwei Jahre später. Der Umzug der Eltern nach Deutschland war Maschas und Josefs Entscheidung. Zu dem Zeitpunkt war Israel schon längst Lenas Land und ihre Heimat geworden. Der Zerfall der Sowjetunion und die wiedererrungene Unabhängigkeit Lettlands eröffneten jedoch eine Möglichkeit, von der man früher nicht einmal hätte träumen können. Das nun wieder unabhängige Lettland begann mit der Rückgabe von unrechtmäßig beschlagnahmtem Vermögen an seine rechtmäßigen Eigentümer. Im Jahr 1996 gelangte das Haus an der Gertrudstraße 4 schließlich in Lenas Besitz. Obwohl sie das Haus bald darauf verkaufte, waren doch die Rückgabe des Hauses ihrer Großmutter und das Auffinden des Bankkontos ihres Großvaters in Israel (Bank Palestine) für Lena auch eine Frage des Prinzips. Nachdem Lettland das Gesetz über die Staatsangehörigkeit geändert hatte, beschloss Lena 2014, die lettische Staats-

Alexander Kuschner und Joseph Brodsky 1989 in Washington

angehörigkeit zu beantragen. Das würde auch ihrem Sohn und dessen Töchtern den Pass des EU-Staats Lettland bescheren.

Ich besuchte die Sowjetunion erstmals im Mai 1967 zusammen mit einer Gruppe Studenten. Mit dem Studium der russischen Sprache begannen meine Frau Kaisa und ich im Herbst 1970. Im Sommer 1971 machten wir einen Sprachkurs in Leningrad, und als ich im Herbst 1971 in den Dienst des Außenministeriums trat, sprach ich schon Russisch.

Der Gedanke, ich könnte mich darum bemühen, in Riga Verwandte zu besuchen oder sie in Leningrad zu finden, kam mir nicht in den Sinn. Außerdem war Maschas Familie ja inzwischen nach Israel ausgewandert. Ich beschäftigte mich mit der Energie eines jungen Diplomaten mit der Sowjetunion und empfand das Schicksal meiner jüdischen Verwandten nicht als meine Angelegenheit. Allerdings beobachtete ich genau die Dissidentenbewegung und lernte die bildenden Künstler kennen, die sich aus dem Künstlerverband der Sowjetunion heraushielten, die sogenannten Nonkonformisten, sowie ihr Leben im Schatten der Großmacht. Viele von ihnen waren Juden.

Josef hatte ich noch kennengelernt, bevor er starb, 1986 in West-Berlin. Aber erst die Bekanntschaft mit Lena bewirkte, dass ich mir der besonderen Geschichte von Mascha bewusst wurde. Und im Frühjahr 2013, als ich drei Tage bei Lena in Tel Aviv verbracht hatte, erfuhr ich, dass unser gemeinsamer Vetter zweiten Grades Alexander Kuschner einer der bekanntesten Dichter Russlands ist. Ich erwähnte das gegenüber meinen russischen Freunden, deren verblüffte und respektvolle Reaktionen mich überraschten. In Russland gilt ein Dichter traditionell mehr als ein Dichter in Finnland oder anderswo im Westen. Die Poesie ist in Russland schon deshalb wichtig, weil unter der Herrschaft der Zensur die Geheimsprache der Dichtung ein Mittel war, Dinge und Empfindungen auszudrücken, die man nicht offen sagen konnte.

Kuschners Schulzeugnis war voller Einser gewesen, wofür ein sowjetischer Schüler eine »Goldmedaille« bekam, aber als Jude durfte er nicht die Universität besuchen, sondern absolvierte das Leningrader Pädagogische Institut und wurde Lehrer für russische Sprache und Literatur. Er ist überzeugt, dass sein fester Arbeitsplatz ihn vor Brodskys Schicksal bewahrte, der wegen »Parasitentums« verurteilt und nach Archangelsk verbannt wurde, wo er Arbeitsdienst leisten musste. Im Jahr 1972 wurde Brodsky aufgefordert, die Ausreisegenehmigung nach Israel zu beantragen. Dorthin begab er sich jedoch nicht, sondern ließ sich in den USA nieder.

In einem Kommentar zu meinem Essay ›Neuvostoliiton brutaali charmi‹ (Der brutale Charme der Sowjetunion)[2] kommentierte Kuschner meine Bewertung Leningrads, das ich, den Bildhauer Ernst Neiswestny zitierend, als »grausam« charakterisiert hatte. Kuschners Ansicht nach war die Stadt eher »hart und streng«, zugleich jedoch ein Ort, wo die Stimme der Muse zu hören war, wo sich wunderbar Gedichte schreiben ließen und selbstständiges Denken möglich war. Mit Kuschners Worten: Die Regierung in der Hauptstadt hat immer eine weitere Sicht der Dinge als die Bürokraten in der Provinz. »Wenn auch der Kreml furchterregend war, so war er doch besser als das Leningrader Parteikomitee.« Zu Breschnews Zeiten durften die Moskauer Dichter sogar reisen. Kuschner selbst konnte aber erst während der Perestroika auf Einladung Brodskys ins Ausland fahren. Wie er selbst sagte, war er überhaupt nicht darauf vorbereitet, New York zu sehen. Der Schock war offenbar gewaltig.

Die Zeit in Leningrad in den 1970er-Jahren war für mich und meine Entwicklung bedeutsam. Leningrad war in mancherlei Hinsicht die größte Provinzstadt der Welt, und der Unterschied zu Moskau und dessen regem Ausländerleben war groß. Ich lernte sehr schnell, dass der auf die Mitte der Hauptstraßen der Stadt gemalte Fahrstreifen, den nur die Führung der Stadt benutzen durfte, *Grischkina sona* hieß, also Grischkas Streifen, so benannt nach dem mächtigen ersten Sekretär des Leningrader Parteikomitees Grigori Romanow.[3] Der kluge Generalkonsul Antti Karppinen warnte mich davor, den Kosenamen Grischka zu verwenden, denn dessen Nebenbedeutung war doppelt negativ. Durch Hinzufügen des Buchstabens k zu der Koseform Grischa wurde auf Russisch daraus eine verächtliche Bezeichnung. Außerdem wurde auch Grigori Rasputin seinerzeit verächtlich Grischka genannt, woran die Gebildeten der Stadt sich gut erinnerten.

Kuschner geriet 1975 in die Klauen von Romanow; dieser las dem versammelten Politbüro des Bezirkskomitees Kuschners Gedicht ›Apoll im Schnee‹ vor. Er berichtete davon folgendermaßen: »Einmal im Winter ging ich im Park von Pawlowsk spazieren und sah dort die Statue Apolls, des Gottes der Dichtung und Oberhaupts der Musen. Sie war völlig von Schnee bedeckt, und ich dachte, dass Apoll nirgendwo sonst so weit nach Norden vorgedrungen war. In meinem Gedicht verkörpert Apoll die im russischen Schnee erstarrte Poesie. Das ist ein sehr durchsichtiger Vergleich – und das hat Romanow erzürnt.«

Romanow erklärte drohend, wenn der »Dichter Kuschnir« (Name falsch) sich hier nicht wohlfühle, dann solle er doch verschwinden. Gerettet hat Kuschner sein fester Arbeitsplatz sowie der Umstand, dass das Gedicht, das Romanow vorgelesen hatte, noch nicht erschienen war.

Ich selbst traf als junger Vizekonsul am letzten Julisonntag des Jahres 1976 auf Parteisekretär Romanow, als das konsularische Korps auf den Kreuzer »Kirow« geladen war, um dort den Tag der sowjetischen Flotte zu begehen. Generalkonsul Karppinen war auf Urlaub in Finnland, sodass sich statt seiner der Vizekonsul auf das Schiff begab. Der kleine, korpulente Romanow in hellem Sommeranzug begrüßte das konsularische Korps, betrachtete den jungen, braunäugigen Vizekonsul mit den schwarzen Haaren und dem schwarzen Schnurrbart und sagte: »Sie sehen nicht finnisch aus.« Solche Zweifel waren mir sehr vertraut. Routiniert antwortete ich: »Ich bin Finne« (*ja finn*).

In gewisser Weise wurde Finnland zum Schicksal des ehrgeizigen Parteichefs. Als Vertreter der KPdSU trat er im Oktober 1984 betrunken bei einer Festveranstaltung anlässlich des 40. Jahrestags des Waffenstillstandsvertrags zwischen Finnland und der Sowjetunion vom September 1944 im Kulturhaus von Helsinki auf. Laut Paavo Lipponen, dem späteren Ministerpräsidenten Finnlands, »war der Mann stockbesoffen (*umpikännissä*)«.[4] Arvo Aalto wiederum, damals der Vorsitzende der KP Finnlands, erzählte, dass Romanow bei einem Empfang in der sowjetischen Botschaft in Helsinki »noch besser in Schwung war als sonst«.[5] Darüber berichtete die finnische Presse, und das wurde in Moskau gegen Romanow verwendet. Er war 1985 einer der Kandidaten für die Nachfolge von Juri Andropow und Konstantin Tschernenko als Generalsekretär der

Arturs Maskats an Maschas Blüthner-Flügel

KPdSU, aber seine Geschichte endete im Juli 1985, als der neue Generalsekretär Michail Gorbatschow für seine Ablösung aus dem Politbüro sorgte.

Kaisa und ich besuchten die Kuschners erstmals im November 2013 in ihrem Zuhause in St. Petersburg, wie Leningrad nun wieder hieß. Sie wohnten an der Ostseite des Parks beim Taurischen Palais, nur einen Fußweg entfernt vom Generalkonsulat Finnlands auf der anderen Seite des Parks und von dem Haus, in dem wir in den Jahren 1976–1977 gelebt hatten. Ohne es zu wissen, waren wir schon damals Nachbarn gewesen.

Der letzte Kreis, der sich schloss, ist die Geschichte von Maschas Blüthner-Flügel. Bevor sie 1971 nach Israel ging, musste sie ihn verkaufen, und er blieb in Riga. Im Herbst 2017 erschien mein Buch auf Lettisch, und da erwachte die Geschichte des Flügels zum Leben. Valentina Freimanes Memoiren ›Adieu, Atlantis. Erinnerungen‹ war die Inspirationsquelle für die Oper ›Valentina‹, die im Frühjahr 2016 auch in Berlin aufgeführt wurde. Dabei waren auch die Außenminister Deutschlands und Lettlands anwesend. Im November 2017 brachte ich Frau

Freimane die lettische und die russische Übersetzung meines Buches nach Berlin. Anfang Januar 2018 rief sie mich an und erzählte mir, dass Arturs Maskats, der Komponist der Oper ›Valentina‹, mein Buch gelesen habe und Maschas Flügel sich jetzt in seinem Besitz befinde! Drei Wochen später starb Frau Freimane. Sie war 96 Jahre alt geworden. Im Frühjahr traf ich Arturs Maskats, und er erzählte mir vom Schicksal des Flügels. Der war zunächst in eine der lutherischen Kirchen Rigas gekommen, und dort hatte er ihn gekauft …

So schnitten sich die Kreise und schlossen sich nacheinander – bei meiner Mutter, bei Josef, bei Lena und bei mir selbst. Die einzige Person, deren Kreis sich zu ihren Lebzeiten nicht schloss, war Tante Mascha. Denn sie erlebte den Untergang der Sowjetunion nicht mehr, den sie erwartet und an den sie fest geglaubt hatte.

Alexander Kuschner
Apoll im Schnee

Aus dem Russischen von Andreas Tretner

Kolonnaden im Schnee. Weiß bemützt
ist Apoll, der den Lorbeerkranz trägt,
steht wie angefrorn da, bläulich fahl,
tiefer Schnee um die Füße gefegt.
Dieser Glanz, dieser schneidende Schmerz
in den Augen vom silbrigen Staub!
Ausgekühlt bis ins Mark, fleckig feucht,
Höcker Eis auf der rissigen Haut.
Was er sieht: den gefrorenen Baum,
kahle Äste im Stupor gebannt,
seinen Mittelmeerbrüdern daheim
im Olivenhain nicht einmal schwant.
Hier, im Schatten verlassener Nester,
wo wie Kreide der Schnee, wenn nicht Gips,
ist er Vorposten nur, mit den Resten
einer Geltung in hüftsteifer Pflicht.
Hier, im Rücken von so vielem Land,
an Gestaden aus glänzendem Eis,
wollen der Lyra die Seufzer gefriern,
die zu gar nichts mehr gut sind, so scheints,
sie verebben, erlöschen im Schnee ...
Aber sollte, für uns und für ihn,
dieses Lied, je mehr Schmerz darin weht,
desto süßer zu singen nicht sein?

Weiß genadelt die Seele sich zeigt,
ihre Klüfte mit Schwarzeis betresst.
Wenn ein Gott, dem der Atem gefriert,
uns die Palme des Siegs überlässt,
wird die Palme wohl Fichtenbaum sein
und bereift bis zum Wipfel. Na und?
Das ist – Schneid, das ist – Schneesturm, das ist
ein Gesang, der daherkommt in Schaudern.

Über die Hintergründe dieses Buchs

Ich hätte dieses Buch wohl kaum jemals geschrieben, wenn ich Lena nicht kennengelernt hätte. Im August 2002 war ich gerade auf Urlaub in Helsinki, als mein Vetter Hillel anrief und erzählte, dass Lena in Helsinki sei. Wir wussten voneinander, aber wir waren uns noch nie begegnet. Lena war mit ihrem Mann zum ersten Mal in Finnland. Wir verständigten uns auf Russisch. Ich brachte sie auch zu meiner 90-jährigen Mutter. Diese Begegnung war für uns alle ein starkes Erlebnis.

Anfangs hielt meine Mutter Lena für Mascha, aber nach dem ersten Ansturm der Gefühle begriff sie, um wen es sich handelte. Von da an hielten wir Kontakt, trafen uns regelmäßig und sprachen über die Schicksale unserer Familie.

Der Gedanke, die Geschichte der Tragödie meiner Mutter und des Überlebens ihrer Cousine zu erzählen, reifte in mir ganz allmählich. Mir wurde bald klar, dass Lena meine wichtigste Quelle war, denn sie verfügte über Dokumente und auch über genaue Erinnerungen, die die Helsinkier Verwandten nicht hatten und nicht haben konnten.

Ich verstand, dass es für die Erzählung der Geschichte dieser Familien, deren Vorfahren es in zwei verschiedene Städte des russischen Imperiums, Helsinki und Riga, verschlagen hatte, notwendig war, den historischen Hintergrund zu recherchieren. Ich erwartete nicht, in den Archiven von Riga, St. Petersburg und Moskau viel zu finden. Zu meiner Überraschung fand sich in Riga aber doch Material über das Leben von Maschas Familie. Die wichtigste Quelle für die Beschreibung der Erlebnisse meiner Mutter und des Anfangs der Liebesehe meiner Eltern sind die Protokolle des Verfahrens, das bis zum Obersten Gericht geführt wurde. Ich besuchte die Schauplätze, die ich noch nicht kannte, und im Oktober 2014 auch Orscha.

Ich vertiefte mich in die Geschichte der Juden in Russland und Lettland wie in Finnland. Dabei waren einige Bücher sehr wichtig für mich: Solschenizyns umfangreiches, zweiteiliges Werk, sein letztes Buch ›Zweihundert Jahre zusammen‹ (Bd. 1: Die russisch-jüdische Geschichte 1795 bis 1917; Bd. 2: Die Juden in der Sowjetunion) erwies sich als vielseitige, ja unersetzliche Quelle bei der Beschreibung der Stellung der Juden in Russland. Ebenso wichtig war Yuri Slezkines Buch ›The Jewish Century‹, denn es stellt das Schicksal der russischen Juden in den größeren europäischen Zusammenhang. Timothy Snyders Buch ›Bloodlands‹ ist eine brillante Synthese der Bluttaten, die beiderseits der Molotow-Ribbentrop-Linie begangen wurden, und schildert deren Motive und Endergebnisse. Laura Katarina Ekholms Dissertation ›Boundaries of an Urban Minority. The Helsinki Jewish Community from the End of Imperial Russia until the 1970s‹ habe ich viele Erkenntnisse über die Juden in Finnland zu verdanken. Tief beeindruckt haben mich Valentina Freimanes Erinnerungen ›Adieu Atlantis‹ und die Begegnung mit ihr.

Die Arbeit an diesem Buch führte mich in eine Welt hinein, die ich schlecht kannte und immer noch nicht gut kenne: in das Judentum. Mein Umfeld in Helsinki war nicht religiös, am ehesten könnte man dessen Haltung ein passives Christentum nennen. Zu den Liebhabereien meines Vaters gehörte die Theosophie, und meine Eltern pflegten Umgang unter anderem mit der Hellseherin Aino Kassinen.[1] Vom Religionsunterricht in der Deutschen Schule ist mir vor allem die Kirchengeschichte in Erinnerung geblieben. Die Arbeit in der Sowjetunion und in Russland erweckte in mir jedoch das Interesse an der lutherischen Tradition und ihrer Bedeutung für die Entwicklung Finnlands. Der Kontrast zu Finnland war stark. Die atheistische Sowjetpropaganda war primitiv und schrill. An einem orthodoxen Ostergottesdienst teilzunehmen war eine Methode, gegen das System zu demonstrieren.

Mit zunehmendem Interesse verfolgte ich den Dialog der evangelisch-lutherischen Kirche Finnlands mit der orthodoxen Kirche Russlands. Der politische Hintergrund dieser »Lehrgespräche« war die Erkenntnis von Bischof Martti Simojoki, dass die finnische Kirche sich keinesfalls auf die von der Sowjetunion inszenierte »Friedenstätigkeit« einlassen, sondern sich als Institution um den Kontakt zur russisch-orthodoxen Kirche bemühen sollte. Vom Erfolg der 1970 aufgenommenen Lehrgespräche zeugt, dass sie auch nach dem Zusammenbruch der Sowjetunion fortgesetzt wurden. Die Gespräche wurden 2014 wegen unterschiedlicher Auffassungen beim Thema Sexualethik abgebrochen. Bischof Simojoki agierte geschickt sowie mit außenpolitischer Kompetenz und Klugheit. Die Grenze zwischen Rom und Byzanz an der Ostgrenze des heutigen Finnland ist immer noch eine Kluft, die verschiedene Kulturen scheidet.

Die Jahre in Russland stärkten meine kulturelle Identität. Sie ist weit entfernt vom gegenwärtigen finnischen Diskurs, wo man schon aus einer Laune heraus aus der Kirche austreten kann. In Russland habe ich oft den Scherz gemacht, dass der bekannteste Finne aller Zeiten Martin Luther sei. Manche Russen verstanden, was ich meinte, aber ich fürchte, dass nicht mehr alle Finnen die Bedeutung des lutherischen Kulturerbes zu schätzen wissen.[2]

Indem ich dieses Buch schrieb, habe ich viel über den jüdischen Hintergrund meiner Mutter gelernt. Oft habe ich mir auch von meinen jüdischen Freunden sagen lassen müssen, dass das Kind einer jüdischen Mutter ein Jude sei. Daraufhin erwiderte ich meinerseits: »Ja, nach euren Gesetzen.« Solschenizyn erörtert diese Frage gründlich. Er kommt zu demselben

Ergebnis wie der israelische Schriftsteller Amos Oz, dass nämlich diejenige Person jüdisch ist, die überzeugt ist, ein Jude zu sein. Nach Solschenizyn sind entscheidend für die Zugehörigkeit zu einem Volk der Geist und das Bewusstsein.[3]

Seit meiner Schulzeit habe ich die Diskussionen in Deutschland über die Vergangenheit verfolgt. Die »Vergangenheitsbewältigung« hat im Verlauf der Jahrzehnte die deutsche Gesellschaft gründlich verändert.

Die unverhohlene Feindseligkeit der Sowjetunion gegenüber Israel und den Juden wiederum, besonders nach dem Sechstagekrieg von 1967, hat mein Interesse an Israel geweckt.

Die Einstellung des Kremls sowohl zu den Juden als auch zum Staat Israel hat sich nach dem Zusammenbruch der Sowjetunion vollkommen verändert. Nach seiner Rückkehr ins Präsidentenamt im Mai 2012 hat Wladimir Putin nur einige wenige Länder besucht, darunter auch Israel. Wegen der Emigration hat die Zahl der Juden in Russland einen historischen Tiefstand erreicht, aber das erklärt noch nicht das Ende des von der Staatsgewalt unterstützten Antisemitismus. Das Phänomen ist bedeutend, und Russlands Verbindungen zu Israel sind auf jeder Ebene eng, was durch die Visumsfreiheit erleichtert wird. Auch Israel hat sich verändert. Im Land wohnen mehr als eine Million Menschen aus der ehemaligen Sowjetunion, und die russische Sprache gehört in Israel zum Alltag.

Ich stehe der einzigen offenen und demokratischen Gesellschaft des Nahen Ostens, Israel, nicht gleichgültig gegenüber. Bundeskanzlerin Angela Merkels Feststellung von 2012, dass die Sicherheit Israels ein Teil der deutschen Staatsräson sei, hat mich beeindruckt.

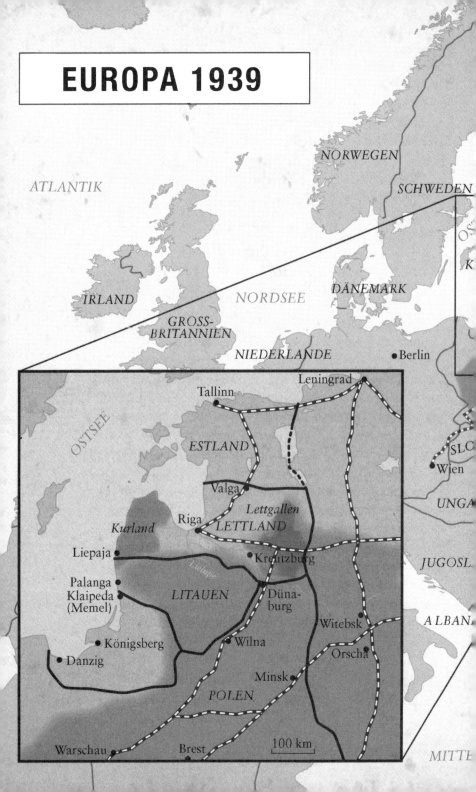

Anmerkungen

Das Geheimnis unserer Familie

1 Alexander Solschenizyn: *Zweihundert Jahre zusammen*. Bd. 1: *Die russisch-jüdische Geschichte 1795 bis 1917*. Bd. 2: *Die Juden in der Sowjetunion*, 1995 (Deutsch von Kurt Baudisch und Holger von Rauch, Herbig 2002) Solschenizyns beeindruckendes Werk wurde u. a. dafür kritisiert, dass es nahezu ausschließlich auf russischsprachigen Quellen basiert. Solschenizyn schreibt nicht wie ein Historiker, aber sein Buch ist eine Schatztruhe des Wissens. Vgl. z. B. Richard Pipes, *Alone together, Solshenitsyn and the Jews, revisited*. The New Republican 25. November 2002.
2 *Rossijskaja Jewrejskaja Enziklopedija* (Russische jüdische Enzyklopädie). 2007, S. 353.

Mischling ersten Grades

1 *Judarna i Finnland* (Die Juden in Finnland), 17.4.1956. https://svenska.yle.fi/artikel/2011/01/27/judarna-i-finland.
2 Laura Katarina Ekholm: *Boundaries of an Urban Minority. The Helsinki Jewish Community from the End of Imperial Russia until the 1970s*. 2013, S. 13.
3 Geert Senzke war während des Krieges Pfarrer der deutschen Gemeinde Turku und damit auch die Kontaktperson für kirchliche Besuche aus Deutschland in Finnland. – Markku Jokisipilä, Janne Könönen: *Kolmannen valtakunnan vieraat. Suomi Hitlerin Saksan vaikutuspiirissä 1933–1944* (Die Gäste des Dritten Reiches. Finnland im Einflussbereich Hitler-Deutschlands 1933–1944). 2013, S. 347.

Die Deutsche Schule
1 YLE fem 5. 1. 2015: Ett annat himlaliv (Eine andere Religion).
2 Simo Muir, Hanna Worthen: *Finland's Holocaust: Silences of History.* 2013, S. 233–234, Fußnote 58, KA, Valpo (Sicherheitspolizei) II, Verhöre 2223, Protokoll Nr. 662/47. Thor-Björn Weckström gab 1947 bei den Verhören zu, auf Befehl an der Hinrichtung jüdischer Zivilisten teilgenommen zu haben. »Der Anzuhörende wollte außerdem erwähnen, dass er, als er auf die Flüchtlinge schoss, absichtlich vorbeischoss, weil die Aufgabe so unangenehm war. Allerdings gibt der Anzuhörende zu, niemals judenfreundlich gewesen zu sein, dass er aber vom Standpunkt der Menschlichkeit aus solche Taten, wie es das Erschießen von Flüchtlingen war, nicht gutheißen konnte ...«
3 Muir S. 195.
4 *Begegnungen, Kohtaamisia koulutiellä. Deutsche Schule Helsinki 125 Jahre auf dem Weg.* 2006, S. 118.
5 Deutsche Schule, S. 113–121.
6 Ekholm S. 14, 28, 35.
7 »Die zweite Republik« Österreich verwies nach 1945 auf eine Erklärung der Außenminister der Alliierten in Moskau 1943, nach der Österreich »das erste Opfer des Nazismus« gewesen war.
8 *Labyrinth des Schweigens*: Der deutsche Film von 2014 schildert ein Geschehen, das 1958 begann und erst nach zäher Arbeit im Jahr 1963 zu den sogenannten Auschwitzprozessen führte.
9 http://de.wikipedia.org/wiki/Wort_des_Jahres_(Deutschland)
10 Timothy Snyder: *Bloodlands. Europe between Hitler and Stalin,* 2010. Deutschsprachige Ausgabe: *Bloodlands. Europa zwischen Hitler und Stalin,* 2011/2013. Die Quellenangaben beziehen sich auf die englische Ausgabe.

»Mutter Jüdin, aber hat die Deutsche Schule besucht«
1 *Neuvostoliiton brutaali charmi, Suomen liikkumavara.* Suurlähettiläs Arto Mansalan ystäväkirja (Der brutale Charme der Sowjetunion, Finnlands Spielraum. Festschrift für Botschafter Arto Mansala). 2011, S. 102–116.

Ein Ehrenmord in Helsinki in den 1930er-Jahren
1 Russische Lokalzeitung *Dlja was* (Für euch) vom 30.5.1936.
2 Das nach dem Winterkrieg erlassene Gesetz betraf Urteile von höchstens sechs Monaten.
3 Das Gesetz über die zeitweilige Erweiterung des Begnadigungsrechts des Präsidenten der Republik vom 23.6.1941 zielte auf dasselbe ab, d.h. auf den Umgang mit der Gefangenensituation unter außergewöhnlichen Umständen.
3 Nach Angaben der Strafvollzugsbehörde hat Meier nicht im Gefängnis gesessen. E-Mail des Mitarbeiters der Strafvollzugsbehörde Juha Laatunen vom 26.3.2014.
4 Yuri Slezkine: *The Jewish Century*, 2004, S. 13.
5 Sholem Alejchem: *Tevye the Dairyman*. Penguin Classics, 2009. Zitate S. 125 f.
6 Rony Smolar: *Setä Stiller Valpon ja Gestapon välissä* (Onkel Stiller zwischen [finnischer] Staatspolizei und Gestapo). 2003, S. 57.
7 Ich danke A. Hirschovits, dem Vorsitzenden von Makkabi, für diese Information.
8 Moshe Edelmann und Simo Muir: Federbusch, Simon (1892–1969). Kansallisbibliografia (Nationalbiografie Finnlands) 15.1.2010.

Sozialisierung in der finnischen Gesellschaft
1 Ekholm S. 4, 13.
2 Ekholm S. 108 f., 128.
3 Simo Muir: *Yiddish in Helsinki. Study of a Colonial Yiddish Dialect and Culture*. 2004, S. 7, 36.
4 Muir S. 29–30. Die finnischen Juden stammten vor allem aus Weißrussland und dem nordöstlichen Polen, nicht aus dem Gebiet der heutigen Ukraine.
5 Ekholm S. 56.
6 Smolar S. 79 f.
7 Auskunft von Harry Halén, Mai 2014.
8 Ekholm S. 130.
9 Suomen kulttuurirahasto (Finnischer Kulturfonds), Gründungssammlung, Buch 6/42, S. 513–514/850.

Der größte Judenstaat der Welt
1 Solschenizyn Bd. I S. 23, I ty by brat nasch, wperjod o Schidach k nam ne pisal.
2 Solschenizyn Bd. I S. 292. Die Karäer waren eine Splittergruppe innerhalb der Turkvölker, deren Nachkommen auf der Krim und in Litauen leben. Sie bekennen sich zum jüdischen Glauben, obwohl sie den Talmud, d. h. die von den Rabbinern im Lauf der Jahrhunderte gesammelten Traditionen, nicht anerkennen.
3 Solschenizyn Bd. I S. 422.
4 Solschenizyn Bd. I S. 492.
5 Solschenizyn Bd. I S. 481, vgl. Bd. II S. 352.
6 Heiko Haumann: *Geschichte der Ostjuden.* 1990, S. 196.
7 Snyder S. 15, 160.
8 Der Zionismus, d. h. der jüdische Nationalismus, ist eine politische Ideologie, nach der die Juden einen eigenen Nationalstaat haben müssen. Als Begründer des Zionismus gilt der Österreicher Theodor Herzl, der im Jahr 1896 die Grundprinzipien des Zionismus in seinem Buch *Der Judenstaat* darlegte und 1897 in der Schweiz den ersten Zionistischen Weltkongress organisierte.
9 Das Jiddische (Judendeutsche) ist ursprünglich eine von den aschkenasischen Juden in Mittel- und Osteuropa gesprochene, auf dem mittelalterlichen Deutsch fußende Sprache, in der Einflüsse der semitischen, slawischen und romanischen Sprachen festzustellen sind. Das Jiddische wird mit hebräischen Schriftzeichen geschrieben.
10 Gerd Koenen: *Der Russland-Komplex, die Deutschen und der Osten 1900–1945.* 2005, S. 66 f.
11 Andres Kasekamp: *A History of the Baltic States.* 2010, S. 56.
12 Yuri Slezkine: *The Jewish Century.* 2004, S. 62 ff., 72, 99,123 Vgl. auch Edmund de Waal: *The Hare with Amber Eyes.* 2010 (Deutsch: Der Hase mit den Bernsteinaugen, 2011). Es ist die Geschichte einer jüdischen Familie, die Odessa verlässt, sich nach Wien und Paris verzweigt und nach der Besetzung durch die Deutschen vernichtet wird.
13 Slezkine S. 69 ff. – Solschenizyn Bd. I S. 455. – Wladimir (Ze'ev) Jabotinski (1880–1940) war ein Schriftsteller und revisionisti-

scher Zionistenführer und in dieser Rolle einer von Theodor Herzls Anhängern. Sein Roman *Pjatero* aus dem Jahr 1935 (deutsche Ausgabe *Die Fünf*, 2012) ist eine Perle der russischen Literatur. Jabotinski galt als einer der elegantesten Oratoren Russlands. 1906 gründete er in Odessa eine Organisation zur Selbstverteidigung. Während des Ersten Weltkriegs schuf er bei den Streitkräften Britanniens die Jüdische Legion sowie in Palästina die zionistische Kampforganisation Irgun. Ministerpräsident Menachem Begin war Jabotinskis bekanntester Anhänger.
14 Slezkine S. 136.
15 Ossip Mandelstam, *Schum wremeni*, 1925 (deutsche Ausgabe: *Das Rauschen der Zeit*. Zürich 1985).
16 Snyder S. VIII–IX.
17 Jouni Turtiainen: *Ikkuna juutalaisuuteen* (Ein Fenster zum Judentum). 2009, S. 186. – Michael Wolffsohn, Thomas Brechenacher: *Deutschland, jüdisch Heimatland. Die Geschichte der deutschen Juden vom Kaiserreich bis heute*. 2008, S. 104.
18 Paul Johnson: *A history of the Jews*. 1987, S. 343 f.
19 Fritz Haber und Carl Bosch entwickelten im Jahr 1909 das Herstellungsverfahren für Ammoniak. Das hatte für Deutschland während des Ersten Weltkriegs eine entscheidende Bedeutung bei der Produktion von Düngemitteln und Schießpulver.
20 Wolffsohn S. 123 f.
21 Johnson S. 407. – Lothar Gall: *Walther Rathenau. Porträt einer Epoche*. 2009, S. 63.
22 Michail Wladimirowitsch Gruljow (1857–1943) überschritt 1879 den »Rubikon«, d. h. er ließ sich taufen, um in die Kadettenschule aufgenommen zu werden. Gruljow, der die russische Generalstabsakademie besucht und sich im Japanischen Krieg hervorgetan hatte, nahm 1912 als Generalleutnant seinen Abschied. Er wurde in der Stadt Reschiza (Rēzekne in Lettgallen, deutsch Rositten) im Gouvernement Witebsk geboren und starb 1912 in Nizza, wohin er gleich nach Dienstende gezogen war. Gruljow war der einzige General der Zarenarmee jüdischer Herkunft. (Ich danke dem Politologen Alexej Makarkin, der mir Gruljows Autobiografie zur Verfü-

gung gestellt hat. Sie trägt den Titel: *Sapíski Generála-Jewréja* (Aufzeichnungen eines jüdischen Generals). 2007. Gruljows Memoiren erschienen erstmals 1930. Den Ertrag spendete der Autor für Palästina.
23 Solschenizyn Bd. I, S. 281 f.
24 Vladimir Jabotinski: *The Five. A novel of Jewish Life in Turn-of-the-Century Odessa* (Russische Originalausgabe 1935, englische 2005, 196. Deutsche Übersetzung: Die Fünf, 2012).
25 Ekholm S. 54. – Gregory Freidin 2010: *Mandel'shtam Osip Emil'evich*, YIVO *Encyclopedia of Jews in Eastern Europe* http://www.yivoencyclopedia.org/article.aspx/Mandelshtam_Osip_Emilevich.
26 Taimi Torvinen: *Kadimah. Suomen juutalaisten historia* (Geschichte der Juden in Finnland). 1989, S. 78. – Smolar S. 31.
27 Torvinen S. 94.
28 Slezkine S. 115. – Solschenizyn Bd. I, S. 147, 299–321.
29 Haumann S. 102 f.
30 Isaak Babel: *Geschichten aus Odessa*, 1987, S. 31.
31 Solschenizyn Bd. I, S. 272.
32 Solschenizyn Bd. I, S. 294 f., 302, 321.
33 Hannu Immonen: *Plehwe, Vjatsheslav Konstantinovitsh von (1846–1904), Suomen ministerivaltiosihteeri, Venäjän sisäministeri* (Plehwe, Wjatscheslaw Konstantínowitsch, finnischer Ministerstaatssekretär, russischer Innenminister). Internetpublikation der finnischen Nationalbiografie vom 6.9.2001. Plehwe war 1899–1904 neben seiner eigenen Tätigkeit finnischer Ministerstaatssekretär in St. Petersburg, als Bobrikow russischer Generalgouverneur von Finnland war. Plehwe war gemäßigter und geschickter als Bobrikow. Dieser wurde im Juni 1904 in Helsinki ermordet und Plehwe im Juli 1904 in Petersburg. Plehwes Ermordung veranlasste die Menschen in Warschau auf den Straßen zu Freudenausbrüchen.)
34 Shlomo Avineri: *Theodor Herzl and the Foundation of the Jewish State*. 2013, S. 218 ff., 232.
35 Avineri S. 229.
36 Slezkine S. 9. – Sonja Margolina: *Das Ende der Lügen. Russland und die Juden im 20. Jahrhundert*. 1992, S. 101.

37 Slezkine S. 70.
38 Slezkine S. 41, 53 f. – Johnson S. 284.
39 Solschenizyn Bd. II, S. 101, 111–112.

Drei Paradiese und eine Hölle

1 Slezkine S. 196, 265.
2 Isaak Babel, Sonnenuntergang. ЗАКАТ, Пьеса в 8 сценах, Бабель И. Избранное. Фрунзе, Адабият, 1989. C. 415–450, S. 3. (SAKAT, Pjesa w 8 szenach, Babel I. Isbrannoje. Frunse, Adabijat,),1989. S. 415–450, S. 3.
3 Schon das erste Kalifat, das auf Mohammeds Tod folgte, verbot den Juden das Reiten zu Pferde (und das Tragen von Waffen). – Simon Schama: *The Story of the Jews, Finding the Words*, 1000 BCE – 1492 CE. 2013, S. 242.
4 Margolina S. 36.
5 Margolina S. 44.
6 Ilja Ehrenburg, Wassili Grossman: *The Complete Black Book of Russian Jewry*. 2002, S. 12. – Berdytschew war Wassili Grossmans Heimatstadt, wo die Deutschen seine Mutter ermordeten, die Ärztin war. Dass seine Mutter hinter den Linien blieb, ist die große Tragödie in Grossmans Buch *Leben und Schicksal* (deutsche Übersetzung 2007).
7 Die Schwarze Sotnja (Schwarze Hundert, Tschornaja sotnja) war eine extremnationalistische und antisemitische Bewegung im vorrevolutionären Russland.
8 Solschenizyn Bd. II, S. 325 f.
9 Solschenizyn Bd. II, S. 117 f.
10 Orlando Figes, *Revolutionary Russia 1891–1991*. 2014, S. XV.
11 Solschenizyn Bd. II, S. 76.
12 Solschenizyn Bd. II, S. 277.
13 Margolina S. 84.
14 Solschenizyn Bd. II, S. 308.
15 Slezkine S. 250.
16 Solschenizyn Bd. II, S. 404.
17 Solschenizyn Bd. II, S. 322.
18 Solschenizyn Bd. II, S. 77.
19 Solschenizyn Bd. II, S. 398.
20 Swetlana Allilujewa: *20 Briefe an einen Freund*. S. 30.

21 Slezkine S. 279.
22 Solschenizyn Bd. I, S. 348.
23 Solschenizyn Bd. II, S. 84.
24 Slezkine S. 273.
25 Timo Vihavainen: *Ryssäviha. Venäjä-pelon historia* (Russenhass, Geschichte der Angst vor Russland). 2013, S. 163 f.
26 Snyder S. 107.
27 Karl Schlögel: *Terror und Traum. Moskau 1937.* 2008, S. 35, 225, 389, 687 ff.
28 Ilja Ehrenburg, Wassili Grossman: *The Complete Black Book of Russian Jewry.* 2002. (Die erste vollständige Ausgabe erschien 1994 in deutscher Sprache: *Das Schwarzbuch. Der Genozid an den sowjetischen Juden).*
29 Snyder S. 115.

Lettland in der Zange zwischen Russland und Deutschland

1 Vgl. das Kapitel: Der größte Judenstaat der Welt.
2 Kistenfabrik und Sägewerke T&P Schedak.
3 Kari Alenius: *Viron, Latvian ja Liettuan historia* (Geschichte Estlands, Lettlands und Litauens). 2000, S. 198–199, 205. – Jukka Rislakki: *Latvian kohtalonvuodet* (Lettlands Schicksalsjahre). 2005, S. 83.
4 Andrew Ezergailis: *The Holocaust in Latvia, 1941–1944. The Missing Center.* 1996, S. 37.
5 Rislakki S. 185.
6 Stephen Kotkin: *Stalin. Volume I, Paradoxes of Power 1878–1928.* 2014, S. 340.
7 Georg von Rauch: *Geschichte der baltischen Staaten.* 1977, S. 62.
8 Goltz' Vorgesetzter, der Kommandeur von Grenzschutz Ost, war General Hans von Seeckt, der später die Reichswehr der Weimarer Republik schuf und die geheime Zusammenarbeit mit der Roten Armee aufnahm.
9 Die litauische Küstenstadt Palanga (deutsch Polangen) gehörte damals zum Gouvernement Kurland.
10 Rauch S. 101.
11 Andres Kasekamp: *A History of The Baltic States.* 2010, S. 92. – Ezergailis S. 36.

12 Osmo Jussila: *Suomen suuriruhtinaskunta* (Das finnische Großfürstentum). 2004, S. 39, 69. – Eine ausgezeichnete Darstellung der bis zum Mittelalter reichenden Exklusivität der Ritterschaft: Kasekamp S. 56 f., mit Quellen.
13 Rauch S. 67.
14 Der dritte baltische Staat Litauen gehörte nicht zu dem historischen protestantischen deutschsprachigen Baltikum wie Estland, die estnischen Inseln, Livland und Kurland. Litauen wählte im Mai 1918 den Herzog von Mecklenburg zu seinem König (Rauch S. 51).
15 Rainer von Hessen: *König im Land der ernsten Augen.* FAZ vom 1.10.2008, S. 8.
16 Rauch S. 72.
17 General Graf Rüdiger von der Goltz: *Meine Sendung in Finnland und im Baltikum.* 1920, S. 184, 220.
18 Rauch S. 45.
19 Kasekamp S. 96 f.; Ezergailis 37.
20 Rauch S. 21.
21 Markku Kuisma: *Sodasta syntynyt* (Aus dem Krieg geboren). 2010, S. 33 ff.
22 Riga war seinerzeit die größte Stadt des schwedischen Reichs.
23 Kasekamp S. 71.
24 Rauch S. 92 f.
25 Janis Urbanovitš, Igor Jurgens, Juris Paiders: *Tschernowiki buduschtschewo. Latvija 1948–1955* (Zukunftsentwürfe. Lettland 1948–1955). 2013, S. 532.
26 Rislakki S. 136.
27 Kasekamp S. 89.
28 Abyzov, Jurij: *Riga: Der lettische Zweig der russischen Emigration.* In: Karl Schlögel (Hrsg.): *Der große Exodus. Die russische Emigration und ihre Zentren 1917–1941.* München 1994, S. 114, 138.
29 Die Stadt Riga, gegründet 1201, schloss sich im Jahr 1282 der Hanse an und übernahm 1290 das Hamburger Stadtrecht.
30 Kasekamp S. 97.
31 Michael Wolffsohn, Thomas Brechenmacher, S. 50, 289.
32 Bernhard Press: *Judenmord in Lettland 1941–1944.* 1995, S. 18.

33 Interview mit Valentina Freimane am 8.11.2013 in Berlin.
34 Freimane 2015, S. 158.
35 Abyzov S. 129. Etwa 11 Prozent der Juden konnten fünf oder mehr, 37 Prozent vier Sprachen. Entsprechend beherrschten 14 Prozent der Russen, 5 Prozent der Letten und 4 Prozent der Deutschen vier Sprachen.
36 Rauch S. 151.
37 Hillel Halkin: *Jabotinski, A Life*. 2014, S. 132, 143 f. Der Aufbau von Betar begann in Lettland, wo im Jahr 1923 die Yosef Trumpeldor Organization for Activist Zionist Youth Betar (Brit Trumpeldor League; Hebräischer Jugendbund Josef Trumpeldor) gegründet wurde. Trumpeldor war ein russischer Zionist und Kriegsheld, der 1920 in Palästina fiel.
38 Keren Kayemeth LeIsrael, gegründet 1901, ist eine der ältesten Umweltorganisationen der Welt. Die Versteppung Israels wurde durch das Pflanzen von mehr als 240 Millionen Bäumen verhindert; außerdem wurden Sümpfe trockengelegt.
39 Wolffsohn S. 36, 115.
40 Halkin S. 136.
41 Max Kaufmann: *Churbn Lettland, The Destruction of the Jews of Latvia*, (1947) 2010, S. 32. (Deutsche Übersetzung: *Die Vernichtung der Juden Lettlands*). - Press S. 10, 20.
42 Rauch S. 88.
43 Interview Valentina Freimane am 8.11.2013 in Berlin. Freimane S. 170, 254.
44 Scholem Alejchem S. 81.
45 Ezergailis S. 67.
46 *Ruhe und Gelassenheit*, Press S. 9.

»Wir haben schon einmal eine deutsche Besatzung überlebt«

1 Martti Turtola: *Kenraali Johan Laidoner ja Viron tasavallan tuho 1939–1949 (General Johan Laidoner und die Zerstörung der Republik Estland 1939–1949)*. 2008, S. 131, 169.
2 Turtola S. 189 f. – Snyder S. 139.
3 Rislakki 2005, S. 189.
4 Turtola S. 164.
5 Turtola S. 188.
6 Turtola S. 267. – Rislakki S. 182 ff.

7 Rislakki S. 199 ff.
8 Turtola S. 250, 277.
9 Turtola S. 185.
10 http://www.president.ee/en/media/press-releases/1354-president-ilves-i-am-sad-that-estonia-was-too-weak-to-stand-alongside-finland-that-was-defending-itself/.
11 Alenius S. 238.
12 Turtola S. 188.
13 Rislakki S. 219 ff.
14 Rislakki S. 233.
15 Von den bei den Schauprozessen 1936–1938 zum Tode Verurteilten seien hier Nikolai Bucharin, Karl Radek, Georgi Pjatakow und Alexei Rykow genannt. Wyschinski bildete zusammen mit dem Chef des NKWD Nikolai Jeschow ein Duo als Mitunterzeichner Tausender von Todesurteilen. Auch die Anklageschrift gegen Marschall Tuchatschewski, der hingerichtet wurde, stammte aus der Feder dieses Zweigespanns. Wyschinski überwachte den Hauptankläger der Sowjetunion bei den Nürnberger Prozessen 1945–1947. Als Vizeaußenminister unterschrieb Wyschinski 1948 für die Sowjetunion die UN-Menschenrechtscharta. Von 1949 bis 1953 war er der Nachfolger und Vorgänger von Außenminister Molotow. Danach wurde er UN-Botschafter 1947–1954.
16 Rauch S. 214.
17 SNTL: Korkeimman neuvoston seitsemäs sessia. Petroskoi 1940, S. 153 (Siebte Sitzung des Obersten Sowjets der UdSSR, Petrosawodsk 1940).
18 Wohlgeordnete lettische Republik – chaotische Sowjetrepublik. Press S. 27.
19 Freimane S. 234, 243.
20 Stephen Kotkin: *Stalin I*, 2014, S. 410.
21 Figes S. 348.
22 Freimane S. 246.
23 Besser lernte ich Udalzow im Jahr 2000 in Moskau kennen. Er war damals als Abteilungsleiter des Außenministeriums auch für die Beziehungen zu den nordischen Ländern verantwortlich. 2013 wurde er zum Botschafter in Vilnius ernannt. Der russische Oppositionspolitiker und ehemalige

Duma-Abgeordnete Sergej Udalzow ist Alexander Udalzows Neffe.
24 Press S. 28.
25 E-Mail des ehemaligen Direktors des lettischen Jüdischen Museums Margers Vestermanis vom 10.11.2013.
26 Andreas Oplatka: *Lennart Meri. Ein Leben für Estland.* 1999, S. 76 f.
27 General Iwan Serow war 1958–1963 Chef des KGB und 1958–1962 des sowjetischen militärischen Geheimdienstes GRU.
28 Snyder S. 153 f.
29 Alenius S. 243.
30 Freimane S. 256.
31 Press S. 28.
32 Solschenizyn Bd. II, S. 352 f.
33 Ehrenburg S. 379 f.
34 Kaufmann S. 34. – Ezergailis S. 77.
35 Snyder S. 193 ff.
36 Sofi Oksanen, *Als die Tauben verschwanden.* Kiepenheuer & Witsch, 2014.
37 Modrins Eksteins, *Walking since Daybreak.* 1999, S. 154. – Snyder S. 193.
38 Snyder S. 126 f.
39 Ehrenburg S. 415.
40 Ehrenburg S. 416.
41 Bundesarchiv (Deutschland), Kopie im Jüdischen Museum Lettlands.
42 Kaufmann S. 128.
43 Orlando Figes: *Revolutionary Russia 1891–1991.* 2014, S. XV.
44 Snyder S. 185.
45 Snyder S. 144, 161, 185.
46 Snyder S. 185 f.
47 Snyder S. 111.
48 Juden in Deutschland 1910: 535 000, 1933: 500 000, 1939: 250 000, 1955: 16 000, 2005: 195 000. Wolffsohn S. 42, 53 f., 290.

»Was wussten sie von dem, was in der Sowjetunion geschah?«

1 Solschenizyn Bd. II, S. 329: »Was wusste die Masse der Juden in Osteuropa von dem, was in der Sowjetunion geschah?« (Wsja massa wostotschno-jewropejskogo jewrejstwa – mnogo li ona snala, schto tworitsja w SSSR?)
2 Ein Kommissar bzw. Politruk (russ. politruk, Abkürzung der Wörter polititscheski rukowoditel, politischer Instrukteur) war in der Sowjetunion ein Politoffizier, der die Umsetzung der Verfügungen und Anweisungen der kommunistischen Partei in der Roten Armee zusammen mit den Führern, Chefs und Kommandeuren der einzelnen Einheiten überwachte.
3 Andrei Kolesnikow: *Taustalla ja tulilinjalla. Venäjän yksityistäjä Anatoli Tschubais* (Im Hinterland und an der Front. Anatoli Tschubais, der Privatisierer Russlands). 2009, S. 37–45.
4 Solschenizyn Bd. II, S. 345 ff.
5 Snyder S. 129 f.
6 Snyder S. 207.
7 Urbanovitš S. 220. Das Buch enthält einen »streng geheimen« umfassenden Bericht von Tschebrikow aus dem Jahr 1988 über die Deportationen der Jahre 1940 und 1949–1951 insgesamt.

Tief ins Hinterland

1 Alexander Newrow: Taschkent, die brotreiche Stadt (Erstveröffentlichung 1923; die erste deutsche Ausgabe von 1925 wurde von den Nazis verboten. Das Buch zeichnet das schreckliche Bild eines allgemein herrschenden Hungers, beschrieben aus der Sicht eines 12-jährigen Jungen, der mit dem erschreckenden Ernst eines Kindes Elend, Gewalt und Leiden erlebt).
2 Rebecca Manley: *To the Tashkent Station. Evacuation and Survival in the Soviet Union at War.* 2009, S. 117–141.
3 Fernsehsendung von YLE 12.7.2014.
4 Smolar S. 97–104, 113–117.
5 *Alija*, Rückkehr, wörtlich »Aufstieg«, nach Israel. Erste Alija 1882–1893.
6 Nach Kriegsausbruch erlaubte Stalin polnischen Soldaten und Zivilisten, in den Iran auszuwandern. Insgesamt verließen 115 000 Polen die Sowjetunion. Die aus den sibirischen La-

gern Entlassenen sammelten sich im südlichen Teil Usbekistans, u.a. in Taschkent und Samarkand, und gingen von dort aus im Frühjahr 1942 über Turkmenistan in den Iran. Die Zahl der aus Polen Deportierten betrug insgesamt 1,7 Millionen. Aus den wenigen polnischen Offizieren, die nicht in Katyn ermordet worden waren, sowie aus den Soldaten, die in den Lagern geschmachtet hatten, wurde die sogenannte Anders-Armee gebildet. Der aus der Lubjanka freigelassene General Władysław Anders organisierte die Evakuierung zu Lande über Usbekistan und Turkmenistan sowie über das Kaspische Meer in den Iran. Mit den Männern zusammen emigrierte im März 1942 auch eine große Anzahl Frauen und Kinder. Die meisten Zivilisten blieben im Iran, aber die Anders-Armee ging weiter nach Palästina und kämpfte in den Reihen der Briten unter anderem an der italienischen Front.
7 http://www.theviolinchannel.com/tag/david-oistrahk/.
8 Michail Soschtschenko: Pered woschodom solntsa (Deutsche Übersetzung: *Schlüssel des Glücks*, 1977). Vorwort des Verlegers in der russischsprachigen Ausgabe S. 14.
9 Figes S. 339.
10 Solschenizyn Bd. II, S. 357, 360.
11 Solschenizyn Bd. II, S. 362 f. Die nationalen Truppenteile waren 1938 aufgelöst worden, denn Stalins Grundgesetz von 1936 kannte keine solchen. Nach dem deutschen Angriff 1941 mobilisierte die Rote Armee u. a. Esten und Letten für nationale Truppenteile.
12 Государственный Художественный Ансамбль Латвийской ССР. (Staatliches Künstlerensemble der Lettischen SSR).
13 Urbanovitš S. 493.
14 Schostakowitschs Семь обработок финских народных песен (Сюита на финские темы) (deutsch *Sieben Bearbeitungen finnischer Volkslieder. Suite über finnische Themen*) ist eine Suite für Sopran, Tenor und Kammerorchester aus dem Jahr 1939.

Rückkehr ins leere Riga
1 Erst mit der Fertigstellung des Torfkraftwerks Riga im Jahr 1958 stabilisierte sich die Belieferung mit Elektrizität. Torf

blieb in der Sowjetunion eine bedeutende Energiequelle bis in die 1960er-Jahre, als die Verwendung von Erdgas sich durchsetzte. Ilgavars Butulis, Antonij Zunda: *Istorija Latvii* (Geschichte Lettlands). 2010, S. 175.
2. 1939 gab es in Lettland 370 Autobuslinien. 1950 waren es 198. Urbanovitš S. 388, 458.
3. Zitat aus Michail Bulgakows Roman *Der Meister und Margarita*. Gesammelte Werke Bd. 3, Volk und Welt 1994, S. 359.
4. Ilja Ehrenburg, Vasily Grossman 2002, S. 383, 396.
5. Kaufmann S. 39 f.
6. *Chruschtschowka* oder auch *Chruschtschoba*: So wurden die ersten in der Sowjetunion massenhaft produzierten Wohnhäuser genannt (die Variante *Chruschtschoba* spielt auf das russische Wort *truschtschoba*, Elendsviertel, an). Die fünfstöckigen Häuser ohne Lift bedeuteten eine eigene Wohnung und das Verlassen der *kommunalkas*, der Wohnungen mit mehreren Parteien.
7. Smotri, smotri, ich ubivali, a oni snowo razmnoschajutsja.
8. Polen und Litauen waren die einzigen besetzten Länder, in denen keine nationalen Truppen der Waffen-SS gebildet wurden. Kasekamp S. 129.
9. Die Novelle *Im Krebsgang* des Nobelpreisträgers Günter Grass von 2002 ist eine bedeutende literarische Darstellung dieser Tragödie.
10. Press S. 161.
11. Press S. 167.
12. Urbanovitš S. 371.
13. Urbanovitš S. 364, 506, 514–515. – Pekka Sutela: *Trading with the Soviet Union. The Finnish Experience 1944–1991*. 2014, S. 34 f.
14. Urbanovitš S. 410, 600, 607.
15. Auf dem 19. Parteitag 1952, der Stalins letzter sein sollte, wurde der Name der Partei in Kommunistische Partei der Sowjetunion (KPdSU) geändert.
16. Die Nachfolgebehörden der Tscheka hatten mehrere Namen: GPU, NKWD, MGB (1946–1953) sowie KGB (1954–1991).
17. Kasekamp S. 145; http://en.wikipedia.org/wiki/Operation_Priboi.

18 Urbanovitš S. 192.
19 Bescheinigung der Staatlichen Hochschule für Musik und darstellende Kunst Berlin (heute Universität der Künste Berlin) vom 29.6.1971.
20 Agitprop, die Abteilung für Agitation und Propaganda, war ein Bestandteil der Zentral- und Gebietskomitees der KPdSU. Sie wurde in den 1920er-Jahren gegründet und war zuständig für die Überprüfung des Inhalts jeglicher offizieller Information sowie für die Überwachung der politischen Bildung in den Schulen und der Massenkommunikation.
21 Slezkine S. 296f. – Eine detaillierte Darstellung des staatlichen Antisemitismus s. G. W. Kostyrenko in seinem Buch *Tainaja Politika Stalina, Wlast i Antisemitism* (Die geheime Politik Stalins, Macht und Antisemitismus), 2001.
22 Wenn man Butter erhitzt, steigt das Fett nach oben, das Wasser verdampft. Man lässt die Butter stehen, und am Boden des Gefäßes sammeln sich Eiweiß und andere feste Stoffe, Molke. Das Butterfett wird zur Aufbewahrung in einen verschließbaren Behälter abgegossen. Geklärte Butter hält sich besser als gewöhnliche und verträgt auch höhere Brattemperaturen.
23 Odnáschdy ja usché rasstálas so swoími blískimi; schto búdjet s nami, budjet i s Lénotschkoj.
24 Nje idti w nogu s etim banditskim strojem. Na territorii djavola djavola ne pobedit.
25 Kasekamp S. 152.
26 Slawa bogu diktator sdoch! Die Wortwahl war absichtlich, denn das Verb sdochnut wird im Russischen nur für Tiere verwendet, nie für Menschen.
27 Paul Johnson 1987, S. 119, 225.
28 Simon Schama: *The Story of the Jews, Finding the Words* 1000 BCE – 1492 CE, 2013, S. 88, 436.

Sportpolitik und die Reise nach Riga
1 Die Weltausstellung hat niemals in der Sowjetunion stattgefunden. Auf die Weltausstellung in Brüssel 1958 folgte die in Seattle 1962. Gastgeberstadt 2017 war Astaná in Kasachstan.
2 Gottfried Schödl: *The Lost Past. A Story of the International Weightlifting Federation*. 1992, S. 108f.

3 Bjelyje igry pod grifom ›sekretno‹. SSSR i simnie Olimpijskie igry (Weiße Spiele mit dem Stempel ›geheim‹. Die UdSSR und die Olympischen Spiele). 2014, S. 6 ff.
4 Im August 1954 werteten Finnland und die Sowjetunion ihre Vertretungen auf Botschaftsebene auf.
5 M. Ju. Prosumenschtschikow: *Bolschoj sport i bolschaja politika* (Großer Sport und große Politik). 2004, S. 9.
6 Schödl, S. 107.
7 Prosumenschtschikow S. 54.
8 Prosumenschtschikow S. 91.
9 Auch Zubok erwähnt dieses Wunder der Technik, s. Vladislav Zubok, *Zhivago's Children. The last Russian Intelligentsia.* 2009, S. 149.
10 In der Meeresbucht Humallahti in Helsinki befand sich seit 1898 ein Schwimmbad. In den Jahren 1919–1959 gab es dort einen Sprungturm und Schwimmbahnen.
11 Seppo Hentilä: *Suomen työläisurheilun historia II. Työväen urheiluliitto 1944–1959* (Geschichte des Arbeitersports in Finnland II. Der Arbeitersportverband TUL 1944–1959). 1984, S. 75.
12 Pia Koivunen: *Performing Peace and Friendship. The World Youth Festival as a Tool of Soviet Cultural Diplomacy 1947–1957.* 2013, S. 200.
13 Koivunen S. 327.
14 Als ›Tauwetter‹ wird die Zeit einer begrenzten Befreiung des kulturellen Lebens in der Sowjetunion nach Stalins Tod bezeichnet. Die Bezeichnung beruht auf dem gleichnamigen Kurzroman von Ilja Ehrenburg aus dem Jahr 1954. Als eigentlicher Beginn des Tauwetters gilt die Rede von Nikita Chruschtschow, die er 1956 auf dem 20. Parteitag der KPdSU hielt und in der er die Verbrechen Stalins verurteilte.
15 Figes S. 340.
16 Zubok S. 88–111.
17 Zubok S. 105.
18 Alexander Schelepin (1918–1994), Erster Sekretär des Komsomol 1952–1958, KGB-Chef 1958–1961.
19 Pentti Manninen: *Adolf Hitler Immolassa 4.6.1942* (Adolf Hitler in Immola am 4.6.1942). Suomen ilmailuhistoriallinen

lehti (Zeitschrift für die Luftfahrtgeschichte Finnlands) 2/2009, S. 18. »Die Mechaniker des Felddepots I hatten den Brand jedoch bemerkt, als die Maschine vorüberrollte... Mit dem von Wegelius herbeigebrachten Feuerlöscher erstickte Sergeant Bruno Nyberg die Flammen, und erst dann wallte unter der Tragfläche der Condor eine deutlich wahrnehmbare Rauch- und Dampfwolke hervor.«

A meschuggene Land
1 Urbanovitš S. 640.
2 Urbanovitš S. 404.
3 Butulis S. 178 f.
4 Butulis S. 184.
5 Arvids Pelše (1899–1983), Erster Sekretär der KP Lettlands 1959–1966, Mitglied des Politbüros des Zentralkomitees der KPdSU 1966–1983.
6 Boris Pugo (1937–1991), Chef des KGB Lettlands 1980–1984, Erster Sekretär der KP Lettlands 1984–1988, Innenminister der Sowjetunion 1990–1991.
7 Zubok S. 229.
8 Slezkine S. 313–339.
9 Solschenizyn Bd. II S. 431.
10 Andrei Amalrik (1938–1980): *Kann die Sowjetunion das Jahr 1984 erleben?* Diogenes, Zürich 1979.
11 Slezkine S. 334.
12 Das Wort *meschuggene* ist Jiddisch. Es wird auch im Deutschen (meschugge) und im amerikanischen Englisch gebraucht.
13 Zubok S. 108.
14 Ty litschno pobedila Gitlera, samim faktom, schto ty rodilas. Schisn pobedíla.
15 Haumann S. 11. – Joseph Roth: *Hotel Savoy*, 1924.
16 Halkin S. 198, 222.
17 Solschenizyn Bd. II, S. 434 f.
18 Samisdat: »Selbstverlag«, also an der Zensur vorbei verbreitete Texte und Übersetzungen.
19 Zubok S. 284, 299, 307.
20 Zubok S. 305.

21 Otdel Wis i Registrazii, Abteilung für Visa und Registrierung
22 Solschenizyn Bd. II S. 489 f.

In die Levante
1 Die Jewish Agency ist eine Nichtregierungsorganisation, ursprünglich *Palestine Zionist Executive*, die ihren heutigen Namen 1929 als Organisation im Sinne des Völkerbundmandats für Palästina erhielt. Sie trägt die Hauptverantwortung für das Verbringen der Diasporajuden nach Israel und für deren Einbürgerung (*absorption*).
2 Schönau diente in den Jahren 1965–73 als eine von der Jewish Agency organisierte Zwischenstation. Sie wurde von insgesamt 70 000 jüdischen Emigranten durchlaufen. Nach der Geiselnahme in einem Zug an der österreichisch-tschechoslowakischen Grenze 1973 durch arabische Terroristen wurde Schönau aufgegeben, und die Aktivitäten wurden nach Österreich in das vom Roten Kreuz unterhaltene Zentrum in Wöllersdorf verlegt.
3 *Cheder* ist eine Jungenschule, in der Religion und Kultur sowie die Grundlagen des Hebräischen unterrichtet werden.
4 Bezeichnung für das östliche Mittelmeer, hier in negativem Sinn ein für den Europäer fremdes »Ostland«.

Wiedergutmachung für etwas, das nicht wiedergutzumachen ist
1 Diese Zusammenfassung basiert vor allem auf den folgenden Literaturquellen: Dan Diner: *Rituelle Distanz. Israels deutsche Frage*, 2015. – Lily Gardner Feldman: *Germany's Foreign Policy of Reconciliation. From Enmity to Amity*. 2012. – Bezüglich der Grundlagen der Entschädigungen: *Die Praxis der Wiedergutmachung. Geschichte und Wirkung in Deutschland und Israel*. Herausgegeben von Norbert Frei, José Brunner und Constantin Goschler. Darin der Artikel von José Brunner und Iris Nachum: *Vor dem Gesetz steht ein Türhüter. Wie und warum israelische Antragsteller ihre Zugehörigkeit zum deutschen Sprach- und Kulturkreis beweisen mussten.*
2 Hebräisch *Schoa* bedeutet »Katastrophe«, Holocaust kommt von griechisch *holokauston*, »das vollständige Verbrennen«.
3 Bundeskanzlerin Merkel in München am 8.2.2015; Außen-

minister Joschka Fischer bei den Vereinten Nationen am 11.5.2010: »Es bedeutete für mein Land den absoluten moralischen Tiefpunkt, einen Zivilisationsbruch ohne Beispiel.« – *Zivilisationsbruch* ist ein von Professor Dan Diner, der an der Hebrew University und an der Universität Leipzig lehrt, geschaffener erkenntnistheoretischer Begriff.

4 Diner S. 35–47, 146.

5 Die Hallstein-Doktrin war in den Jahren 1955–1969 eine nach Staatssekretär im Außenministerium Walter Hallstein benannte außenpolitische Linie Deutschlands. Aus Bonner Sicht besaß die Bundesrepublik Deutschland das alleinige Recht, das ganze deutsche Volk zu vertreten, und dementsprechend unterhielt sie keine diplomatischen Beziehungen zu Staaten, die die Deutsche Demokratische Republik anerkannt hatten, mit Ausnahme der Sowjetunion, zu der sie 1955 diplomatische Beziehungen aufnahm.

6 Ich enthalte mich einer ausführlicheren Kommentierung der an die Juden gezahlten Entschädigungen, bei denen der Hauptakteur die 1951 gegründete The Conference of Jewish Material Claims against Germany war.

7 Die Angaben basieren auf Archivmaterial des Berliner Senats, insgesamt 58 Bogen auf Mikrofilm.

8 Es handelt sich um ein sog. Umlageverfahren, das durch die laufenden Zahlungseingänge sowie durch staatliche Unterstützung finanziert wird, anders als bei dem finnischen System, das teilweise investiert und in dem der Hauptteil der jährlichen Rentenausgaben durch die laufenden Zahlungseingänge und ein anderer Teil durch frühere Investitionen finanziert wird. www.etk.fi.

9 http://de.wikipedia.org/wiki/Fremdrentengesetz.

Restitution

1 So die Einschätzung von Egils Levits mir gegenüber am 20.1.2015. Levits ist der Vertreter Lettlands beim Europäischen Gerichtshof.

Die Kreise schneiden und schließen sich

1 *Daavid, tarinoita kunniasta ja häpeästä* (David, Geschichten von Ehre und Schande). 1997. Dokumentarfilm von Taru Mäkelä über die finnischen Juden während des Zweiten Weltkriegs in Finnland, die es schwer hatten wegen ihrer doppelten Identität als Juden und Finnen.
2 *Neuvostoliiton brutaali charmi. Suomen liikkumavara.* Suurlähettiläs Arto Mansalan ystäväkirja (Der brutale Charme der Sowjetunion, Finnlands Spielraum. Festschrift für Botschafter Arto Mansala). 2011, S. 102–116.
3 Grigori Romanow (1923–2008) war von 1970 bis 1983 Erster Sekretär des Gebietskomitees von Leningrad, 1983–1985 Sekretär des Zentralkomitees der KPdSU sowie 1976–1985 Mitglied des Politbüros.
4 Paavo Lipponen: *Murrosten aika. Muistelmat* (Zeit der Umbrüche. Erinnerungen)*1979–1995*. 2014, S. 323.
5 Arvo Aalto: *Elämäni miljoonat* (Die Millionen meines Lebens). 1988, S. 246.

Über die Hintergründe dieses Buchs

1 *Aino Kassinen kertoo* (Aino Kassinen erzählt). Aufgezeichnet von Kaarina Laine. 1972, S. 71 f.
2 Ausführlicher behandle ich die Sache in: René Nyberg: *Suomi ja Venäjän ymmärtäminen* (Finnland und das Verstehen Russlands). Zeitschrift Kanava, 1/2015.
3 Solschenizyn Bd. II, S. 8 ff.

Literaturverzeichnis

Aalto, Arvo: *Elämäni miljoonat.* WSOY, Helsinki 1988
Abyzov, Jurij: Riga: *Der lettische Zweig der russischen Emigration.* In: Karl Schlögel (Hrsg.): *Der große Exodus. Die russische Emigration und ihre Zentren 1917–1941.* C.H. Beck Verlag, München 1994
Alejchem, Sholem: *Tewje, der Milchmann.* Aus dem Jiddischen von Armin Eidherr, Manesse, Zürich 2016.
Alenius, Kari: *Viron, Latvian ja Liettuan historia.* Atena, Helsinki 2000–2001
Allilujewa, Swetlana: *20 Briefe an einen Freund. Memoiren der Tochter Stalins.* Aus dem Russischen von Xaver Schaffgotsch. Fritz Molden, Wien 1967
Amalrik, Andrei (1938–1980): *Kann die Sowjetunion das Jahr 1984 erleben?* Diogenes, Zürich 1979
Avineri, Shlomo: *Theodor Herzl and the Foundation of the Jewish State.* Weidenfeld & Nicolson, 2013
Babel, Isaak: *Geschichten aus Odessa. Autobiografische Erzählungen.* Deutsch von Milo Dor und Reinhard Federmann. München 1987
Babel, Isaak: *Sonnenuntergang.* Deutsch von Heddy Pross-Weerth, Walter, Olten 1962.
Begegnungen, Kohtaamisia koulutiellä. Deutsche Schule Helsinki 125 Jahre auf dem Weg. 2006
Bjelyje igry pod grifom ›sekretno‹. SSSR i simnie Olimpijskie igry. 2014
Brunner, José und Iris Nachum: *Vor dem Gesetz steht ein Türhüter. Wie und warum israelische Antragsteller ihre Zugehörigkeit zum deutschen Sprach- und Kulturkreis beweisen mussten.* In: *Die Praxis der Wiedergutmachung. Geschichte und Wir-*

kung in Deutschland und Israel. Herausgegeben von Norbert Frei, José Brunner und Constantin Goschler.
Bulgakow, Michail: *Der Meister und Margarita*. Roman. Aus dem Russischen von Thomas Reschke. Gesammelte Werke Bd. 3, Volk und Welt, Berlin 1994
Butulis, Ilgavars, Antonij Zunda: *Istorija Latvii* (Geschichte Lettlands). 2010
Diner, Dan: *Rituelle Distanz. Israels deutsche Frage*, DVA, München 2015
Deutsche Schule, s. *Begegnungen, Kohtaamisia koulutiellä. Deutsche Schule …*
Ehrenburg, Ilja, Wassili Grossman: *Das Schwarzbuch. Der Genozid an den sowjetischen Juden*. Herausgegeben von Arno Lustiger. Aus dem Russischen von Ruth und Heinz Deutschland; Rowohlt Verlag, Reinbek bei Hamburg, 1994
Ekholm, Laura Katarina: *Boundaries of an Urban Minority. The Helsinki Jewish Community from the End of Imperial Russia until the 1970s*. 2013
Eksteins, Modrins: *Walking since Daybreak. A Story of Eastern Europe, World War II, and the Heart of our Century*. 1999
Ezergailis, Andrew: *The Holocaust in Latvia, 1941–1944: The Missing Center*. Riga: Historical Institute of Latvia, in association with the United States Holocaust Memorial Museum, Washington, D. C. 1996
Figes, Orlando, *Revolutionary Russia, 1891–1991* 2014; Hundert Jahre Revolution. Russland und das 20. Jahrhundert. Aus dem Englischen von Bernd Rullkötter, Hanser Berlin 2015
Freidin, Gregory: *Mandel'shtam Osip Emil'evich*, YIVO Encyclopedia of Jews in Eastern Europe 2010
Freimane, Valentina: *Adieu, Atlantis. Erinnerungen*. Deutsch von Matthias Knoll. Wallstein Verlag, Göttingen 2015
Gall, Lothar: *Walther Rathenau. Porträt einer Epoche*. C.H. Beck, München 2009
Gardner Feldman, Lily: *Germany's Foreign Policy of Reconciliation. From Enmity to Amity*. 2012
Goltz, General Graf Rüdiger von der: *Meine Sendung in Finnland und im Baltikum*. K.F. Koehler, 1920
Grossman, Wassili: Leben und Schicksal. Aus dem Russischen von

Annelore Nitschke und anderen. Claassen Verlag, München 2007

Gruljow, Michail Wladimirowitsch, *Sapíski Generála-Jewréja*. Moskwa, Kutschkowo polje, Giperboreja, 2007

Halkin, Hillel: *Jabotinski, A Life*. Yale University Press, 2014

Hannu, Immonen: *Plehwe, Vjatsheslav Konstantinovitsh von (1846–1904), Suomen ministerivaltiosihteeri, Venäjän sisäministeri*. Internetpublikation der finnischen Nationalbibliografie vom 6.9.2001

Haumann, Heiko: *Geschichte der Ostjuden*. dtv, München 1990

Hentilä, Seppo: *Suomen työläisurheilun historia II. Työväen urheiluliitto 1944–1959*. Karisto, Helsinki 1982

Jabotinski, Ze'ev: *Die Fünf. Roman*. Aus dem Russischen von Ganna-Maria Braungardt. Die andere Bibliothek, Berlin 2012

Johnson, Paul: *A history of the Jews*. Weidenfeld & Nicolson, 1987. Neuauflage: *A History of the Jews*. 2005

Jokisipilä, Markku, Janne Könönen: *Kolmannen valtakunnan vieraat. Suomi Hitlerin Saksan vaikutuspiirissä 1933–1944*. Otava, Helsinki 2013

Jussila, Osmo: *Suomen suuriruhtinaskunta*. WSOY, Helsinki 2004

Kasekamp, Andres: *A History of the Baltic States*. London and New York, Palgrave Macmillan 2010

Kaufmann, Max: *Churbn Lettland, The Destruction of the Jews of Latvia* (Deutsche Übersetzung: *Die Vernichtung der Juden Lettlands*. Selbstverlag 1947. Taschenbuch Hartung-Gorre Verlag, 1999)

Koenen, Gerd: *Der Russland-Komplex. Die Deutschen und der Osten 1900–1945*. C.H. Beck, München 2005

Koivunen, Pia: *Performing Peace and Friendship. The World Youth Festival as a Tool of Soviet Cultural Diplomacy 1947–1957*. 2014. Historiallinen Aikakauskirja, Bd. 112

Kolesnikow, Andrei: *Taustalla ja tulilinjalla. Venäjän yksityistäjä Anatoli Tschubais*. WSOY, Helsinki 2009

Kotkin, Stephen: *Stalin. Volume I, Paradoxes of Power 1878–1928*. Penguin Press, 2014

Kuisma, Markku: *Sodasta syntynyt*. E-Buch, 2015

Lipponen, Paavo: *Murrosten aika. Muistelmat 1979–1995*. WSOY, Helsinki 2014

Mandelstam, Ossip: *Schum wremeni*, 1925. Deutsche Ausgabe: *Das Rauschen der Zeit*. Ammann, Zürich 1985

Manley, Rebecca: *To the Tashkent Station. Evacuation and Survival in the Soviet Union at War*. Cornell University Press, 2009

Manninen, Pentti: *Adolf Hitler Immolassa 4.6.1942*. Suomen ilmailuhistoriallinen lehti. 2/209

Margolina, Sonja: *Das Ende der Lügen. Russland und die Juden im 20. Jahrhundert*. Siedler, Berlin 1992

Muir, Simo: *Yiddish in Helsinki. Study of a Colonial Yiddish Dialect and Culture*. 2004

Muir, Simo, Hanna Worthen: *Finland's Holocaust: Silences of History*. 2013

Newerow, Alexander: Taschkent – górod chlebnyj. 1923 Deutsche Ausgabe: Taschkent, die brotreiche Stadt. Aus dem Russischen von Erich Salewski, Insel, Leipzig 1976

Nyberg, René: *Neuvostoliiton brutaali charmi*. In: Suomen liikkumavara. Suurlähettiläs Arto Mansalan ystäväkirja. 2011

Nyberg, René: *Suomi ja Venäjän ymmärtäminen*. In: Zeitschrift Kanava, 1/2015

Oksanen, Sofi: *Als die Tauben verschwanden*. Aus dem Finnischen von Angela Plöger. Kiepenheuer & Witsch, Köln 2014

Oplatka, Andreas: *Lennart Meri. Ein Leben für Estland*. NZZ libro, Zürich 1999

Press, Bernhard: *Judenmord in Lettland 1941–1944*. 1995

Prosumenschtschikow, M. Ju.: *Bolschoj sport i bolschaja politika*. 2004

Rainer von Hessen: *König im Land der ernsten Augen*. FAZ vom 1.10.2008, S. 8

Rauch, Georg von: *Geschichte der baltischen Staaten*. dtv, München 1977

Rislakki, Jukka: *Latvian kohtalovuodet*. Suomalaisen Kirjallisuuden Seura, Helsinki 2005

Rossijskaja Jewrejskaja Enziklopédija. 2007

Roth, Joseph: *Hotel Savoy*, 1924

Schama, Simon: *The Story of the Jews, Finding the Words 1000 BCE – 1492 CE*. 2013 by Bodley Head

Schlögel, Karl: *Terror und Traum. Moskau 1937*. Carl Hanser, München 2008

Schödl, Gottfried: *The Lost Past, A Story of the International Weightlifting Federation.* 1992

Slezkine, Yuri: *The Jewish Century.* Princeton University Press, Princeton, New Jersey 2004

Smolar, Rony: *Setä Stiller Valpon ja Gestapon välissä.* Tammi, Helsinki 2003

Snyder, Timothy: Bloodlands. Europe between Hitler and Stalin. Basic Books, London 2010. Deutsche Ausgabe: *Bloodlands. Europa zwischen Hitler und Stalin.* Aus dem Englischen von Martin Richter, C. H. Beck, München 2011

Solschenizyn, Alexander: *Zweihundert Jahre zusammen. Bd. I, Die russisch-jüdische Geschichte 1795 bis 1917. Bd. II: Die Juden in der Sowjetunion,* 1995. Deutsche Ausgabe: Aus dem Russischen von Kurt Baudische und Holger von Rauch, Herbig, München 2002.

Soschtschenko, Michail: Перед восходом солнца *(Vor Sonnenaufgang).* Autobiografie. Erste vollständige Ausgabe USA 1968, in Russland 1987. Eine deutsche Übersetzung mit dem Titel *Schlüssel des Glücks* bei Reclam, Leipzig 1977

Torvinen, Taimi: *Kadimah. Suomen juutalaisten historia.* Otava, Helsinki 1989

Turtiainen, Jouni: *Ikkuna juutalaisuuteen. Historia, usko, kulttuuri.* Yliopistopaino 2003.

Turtola, Martti: *Kenraali Johan Laidoner ja Viron tasavallan tuho 1939–1949.* Otava, Helsinki 2008

Urbanovitš, Janis, Igor Jurgens, Juris Paiders: *Tschernowiki buduschtschewo. Latvija 1948–1955.* 2013

Vihavainen, Timo: *Ryssäviha. Venäjä-pelon historia.* Minerva, Helsinki 2013

Wolffsohn, Michael, Thomas Brechenmacher: *Deutschland, jüdisch Heimatland. Die Geschichte der deutschen Juden vom Kaiserreich bis heute.* Piper, München 2008

Zubok, Vladislav: *Zhivago's Children. The last Russian Intelligentsia.* Harvard University Press, 2009

Personenregister

Aalto, Arvo 192
Achmatowa, Anna 114 f.
Adenauer, Konrad 173, 175
Adschubei, Alexei 148
Alejchem, Scholem 44
Alenius, Kari 100
Alexander II. 51, 66, 97
Alexander III. 65, 79
Allilujewa, Swetlana 71
Amalrik, Andrei 157
Andropow, Juri 33, 192
Arendt, Hannah 59
Arjās, Viktor 102
Aronson, Lev 127 f.

Babel, Isaak 63, 68
Bamberg, Georg 119
Ben-Gurion, David 175
Berkis, Krišjanis 96
Birkhans, Elias 76, 99
Björklund, Christian 21
Bonner, Jelena 166
Breschnew, Leonid 31, 33, 130, 134, 156
Brodsky, Joseph 160, 189 f.
Bucharin, Nikolai 71
Bulgakow, Michail 72

Chagall, Marc 63, 74
Chloponin, Alexander 24 f.
Chmelnyzkyj, Bohdan 70
Chruschtschow, Nikita 16, 70, 130, 134, 136, 140, 147, 154, 156

Diner, Dan 174 f.

Ehrenburg, Ilja 71, 73, 101, 118
Einstein, Albert 61
Eisenstein, Sergej 111
Ekholm, Laura 20, 51, 53, 61
Ezergailis, Andrew 81, 90 f.

Fagerholm, Karl-August 143, 146
Faulkner, William 148
Federbusch, Simon 47, 49
Figes, Orlando 70
Fjodorow, Wladimir 32
Flesch, Carl 127
Franz II. 56
Freimane, Valentina 83, 87, 89, 97 f., 119, 193 f.
Fridman, Michail 16
Friedrich Wilhelm II. 56
Furzewa, Jekaterina 148

Gauck, Joachim 173
Goebbels, Joseph 73
Goltz, Rüdiger von der 29, 78, 80, 93
Gontscharow, Iwan 71
Gorbatschow, Michail 25, 193
Göring, Hermann 104
Gorki, Maxim 71
Gotlib, Roche »Raja« 121, 165
Gouleau, Eugène 136
Grasutis, Ben 41, 162
Grasutis, Riko 38, 41, 149, 152, 162 f.
Grossman, Wassili 69, 73, 101, 118

Haber, Fritz 61
Hallama, Jaakko 30
Heine, Heinrich 61
Herzl, Theodor 58, 64–66, 76
Hessen, Friedrich Karl von 80
Hessen, Rainer von 80
Heydrich, Reinhard 102
Himmler, Heinrich 102, 106
Hitler, Adolf 27, 61, 67, 100, 104–106, 150, 156, 158
Holma, Timo 19, 53

Ilves, Toomas Hendrik 95
Isherwood, Christopher 179

Jabotinski, Wladimir 59, 61, 88 f., 159
Jakobson, Leo 186
Jakobson, Max 30–32, 186
Jakowlew, Alexander 25
Järvinen, Juhani 144

Jeckeln, Friedrich 103
Johnson, Paul 60, 133
Joyce, James 148
Jungman, Josef 88, 90, 100 f., 107 f., 110–118, 120, 122 f., 125–132, 149–153, 155–157, 159, 164, 166, 170–172, 177–181, 186 f., 190, 194
Jungman, Lena 90, 113, 120–123, 130–133, 149, 151 f., 157–160, 162–164, 166 f., 169–172, 179 f., 182–185, 187 f., 190, 194, 197
Jussila, Osmo 79

Kafka, Franz 148
Kaganowitsch, Lazar 104
Kaihari, Kalle 144
Kangasniemi, Kaarlo 146
Karppinen, Antti 191 f.
Kasekamp, Andres 81, 132
Kaskela, Akseli 146
Kassinen, Aino 198
Katharina II. 56
Kaufmann, Max 89, 119
Kekkonen, Urho 31–33, 143–146
Kennan, George F. 82
Kleemola, Kauno 142 f.
Koenen, Gerd 58
Kohl, Helmut 84
Korhonen, Keijo 30
Kossigin, Alexej 109
Krämer, Philipp 26
Kreisky, Bruno 170
Kuschner, Alexander 160 f., 189–191, 195

Kuschner, Hasja 160
Kuusinen, Otto Vilgelmowitsch 96, 140
Kuz, Wladimir 139

Laidoner, Johan 92–96
Lebedew, Wiktor 136
Lefkovitsh, Sara 14 f., 52
Leino, Yrjö 24
Lenin, Wladimir Iljitsch 69–71, 73, 97, 115
Lipponen, Paavo 192
Litwinow, Maxim 73

Maisky, Mischa 130
Maisky, Waleri 130
Mäki, Olli 144, 146
Malenkow, Georgij 96, 140
Mandelstam, Ossip 60 f.
Mannerheim, Gustaf 20
Mansala, Arto 30
Marx, Karl 66
Maskats, Arturs 194
Meir, Golda 71, 128, 158
Mendelssohn, Moses 60
Merezkow, Kirill 96
Meri, Lennart 99 f.
Merkel, Angela 173, 200
Michaelis, Andreas 21
Molotow, Wjatscheslaw 73, 82, 93, 96
Munters, Vilhelms 78, 93

Nasarow, Konstantin 142
Nedomansky, Vaclav 139
Neiswestny, Ernst 190
Newerow, Alexander 110
Nikolai II. 57

Nuksha, Marie 163
Nyberg, Bruno 11 f., 14 f., 17 f., 34 f., 37 f., 40 f., 43, 45, 47, 53 f., 135–138, 140–143, 145 f., 148–151, 162 f., 186
Nyberg, Feigo »Fanny« 11–15, 17–20, 22–24, 26, 30, 34–43, 46 f., 51, 53 f., 62, 76, 89, 91, 120, 141, 146, 150 f., 163, 186, 194, 197–199
Nyberg, René 18, 23, 30, 142, 188

Odnoposoff, Ricardo 127
Oksanen, Sofi 102
Orwell, George 157

Parvilahti, Unto 22, 24 f.
Päts, Konstantin 90, 92, 94
Pelše, Arvīds 154
Perlman, Henke 26
Perlman, Sheve 26
Peter der Große 84
Piatigorsky, Gregor 127
Pikaizen, Aleksander 113 f.
Pikaizen, Viktor 113
Piłsudski, Józef 90
Plehwe, Wjatscheslaw von 64 f., 65 f., 76
Press, Bernhard 87, 97, 123
Pugo, Boris 154
Putin, Wladímir 200

Rabiner, Daniel 166, 170 f., 184
Rabiner, Juri 166 f., 170 f.
Rathenau, Walther 61

Rauch, Georg von 80 f., 83, 87, 90
Rislakki, Jukka 93
Romanow, Grigori 191 f.
Roth, Joseph 159
Runeberg, Johan Ludvig 28 f., 54

Sacharow, Andrej 165
Sadat, Anwar 170
Schdanow, Andrej 96, 114, 116
Schelepin, Alexander 148
Schemtschuschina, Polina 73
Schlögel, Karl 72
Schostakowitsch, Dmitri 116
Schostakowitsch, Irina 116
Selter, Karl 93
Sentzke, Geert 21
Serow, Iwan 96, 100
Sevon, Enzio 17
Sharett, Moshe 174 f.
Shatzky, Jevgeni 164, 180
Simojoki, Martti 199
Slezkine, Yuri 59 f., 62 f., 66–69, 129, 156
Smetona, Antanas 91
Smolar, Rony 44, 51, 112
Snyder, Timothy 27, 72, 100, 102–105, 109
Söderman, Aune 28 f.
Solschenizyn, Alexander 16, 56 f., 60 f., 64, 66–71, 100, 115 f., 133, 198 f.
Soschtschenko, Michail 111, 114 f.
Stabulniek, Viestur 130
Stalin, Josef 16, 25, 27, 67, 71, 73, 78, 94 f., 100, 104 f., 109, 111, 113, 115, 124, 128–130, 133–135, 147, 153, 156 f.
Stepanow, Wladimir 32
Stolypin, Pjotr 57
Suomi, Juhani 31 f.
Suslow, Michail 140

Tokazier, Abraham 34, 38 f., 41 f., 88
Tokazier, Hillel 22, 47, 52, 152, 162
Tokazier, Jakob 14, 34 f., 42, 45, 149
Tokazier, Meier 20, 34, 37–41, 43 f., 46, 52 f., 66, 76, 88, 152, 161
Tokazier, Moses 34 f., 41 f., 45, 88
Trotzki, Leo 68, 71, 111
Trubnikow, Wjatscheslaw 33
Tschebrikow, Viktor 109
Tschernenko, Konstantin 192
Tschubais, Anatoli 107 f.
Tukatsier, Abraham 34, 66, 76 f., 88, 90, 99 f., 103, 119
Tukatsier, Berl 75, 121
Tukatsier, Ehiel 66
Tukatsier, Hanna 75
Tukatsier, Hasja 75, 77, 90
Tukatsier, Jakov 152
Tukatsier, Lea 76, 90
Tukatsier, Mascha 34–37, 54, 75–77, 85 f., 88–90, 99–101, 107 f., 110–113, 116, 118–123, 125–133, 148–153, 155–163, 165 f., 169–172, 177 f., 180 f., 186 f., 190, 194
Tukatsier, Meri 75, 77, 90, 101

Tukatsier, Sender 152, 160
Tukatsier, Zalman 75
Turtola, Martti 93 f.

Udalzow, Alexander 98
Ulmanis, Kārlis 87 f., 90 f.

Väänänen, Yrjö 30
Vihavainen, Timo 72

Wagner, Folke 29
Wankel, Wolfgang 28
Weber, Max 67
Weckström, Gerd 14, 22 f.

Weckström, Thor-Björn 24
Wertinski, Alexander 151 f.
Westö, Kjell 42
Wilhelm II. 58, 80
Witte, Sergej 65, 71
Wladimirow, Viktor 32 f.
Wolffsohn, Michael 47, 60, 85, 88
Woodman, Dietrich 138
Wyschinski, Andrei 96

Zakheim, Dov 20
Zaķis, Alnis 130
Zubok, Vladislav 148, 156

Zeitzeugen und Lebenszeugnisse

ALLE LIEFERBAREN TITEL, INFORMATIONEN UND SPECIALS FINDEN SIE ONLINE

Auch als eBook

www.dtv.de dtv